**essentials**

*Essentials* liefern aktuelles Wissen in konzentrierter Form. Die Essenz dessen, worauf es als „State-of-the-Art" in der gegenwärtigen Fachdiskussion oder in der Praxis ankommt. *Essentials* informieren schnell, unkompliziert und verständlich

- als Einführung in ein aktuelles Thema aus Ihrem Fachgebiet
- als Einstieg in ein für Sie noch unbekanntes Themenfeld
- als Einblick, um zum Thema mitreden zu können

Die Bücher in elektronischer und gedruckter Form bringen das Fachwissen von Springerautor*innen kompakt zur Darstellung. Sie sind besonders für die Nutzung als eBook auf Tablet-PCs, eBook-Readern und Smartphones geeignet. *Essentials* sind Wissensbausteine aus den Wirtschafts-, Sozial- und Geisteswissenschaften, aus Technik und Naturwissenschaften sowie aus Medizin, Psychologie und Gesundheitsberufen. Von renommierten Autor*innen aller Springer-Verlagsmarken.

Isabel Lang

# Künstliche Intelligenz und politischer Extremismus

Ein Überblick

 Springer VS

Isabel Lang
Limburg an der Lahn, Deutschland

ISSN 2197-6708          ISSN 2197-6716   (electronic)
essentials
ISBN 978-3-658-49023-2          ISBN 978-3-658-49024-9   (eBook)
https://doi.org/10.1007/978-3-658-49024-9

Die Deutsche Nationalbibliothek verzeichnet diese Publikation in der Deutschen Nationalbibliografie; detaillierte bibliografische Daten sind im Internet über https://portal.dnb.de abrufbar.

Springer VS ist ein Imprint der eingetragenen Gesellschaft Springer Fachmedien Wiesbaden GmbH und ist ein Teil von Springer Nature.
Die Anschrift der Gesellschaft ist: Abraham-Lincoln-Str. 46, 65189 Wiesbaden, Germany

# Was Sie in diesem *essential* finden können

- Strukturierter Überblick über die Grundlagen der Nutzung von KI durch politische Extremist*innen
- Einordnung der Nutzung von KI in die Internetaktivitäten von politischen Extremist*innen
- Vorstellung spezifischer Nutzungsbeispiele durch politische Extremist*innen
- Überblick über Perspektiven der Nutzung von KI im Kampf gegen extremistische Aktivitäten online
- Anwendungsbeispiele von KI-Tools gegen Extremismus
- Diskussion von Grenzen des Einsatzes von KI gegen politischen Extremismus
- Aufzeigen aktuell (noch) bestehender Herausforderungen in der Nutzung von KI gegen politischen Extremismus

# Vorwort

Extremist*innen gehören mit zu dem Personenkreis, der sich schnell an die jeweils modernste Technik anpasst. Sie sind Early Adopters und griffen bereits früh auch die neuesten KI-Trends auf.

KI ermöglicht Extremist*innen beispielsweise, schnell und kostengünstig große Mengen an Propaganda online zu verbreiten und diese an ihre Zielgruppen zu kommunizieren. Anwendungen sind heute mit geringen Hilfsmitteln und oftmals kostenlos oder kostengünstig nutzbar. Inzwischen verfügen KI-Anwendungen über eine sehr gute Qualität und bereits heute werden KI-erstellte Videos oder Bilder für den Laien immer schwerer erkennbar. Aufgezeigt wird im vorliegenden Buch, warum und wie politische Extremist*innen KI einsetzen. Dabei werden Beispiele aus verschiedenen Bereichen des Extremismus genannt. Es handelt sich bei KI-Anwendungen um technische Tools, die von Extremist*innen aller Phänomenbereiche eingesetzt werden. Als ideologisch kompatibel wird dabei von ihnen stets das betrachtet, was der jeweiligen Gruppierung nutzt.

Doch nicht nur die malevolente Nutzung von KI soll im vorliegenden *essential* thematisiert werden. KI kann in Sicherheitsbehörden, anderen Behörden, die sich mit dem Themenfeld Extremismus befassen, in der Forschung und Prävention durch Träger der Extremismusprävention sehr gute Dienste leisten. Sie kann für die Auswertung und Datenanalyse von heute verfügbaren großen und weiter wachsenden Mengen von Daten eingesetzt werden und dadurch Zeit und Personal einsparen. Zudem bietet sie die Möglichkeit, Moderation etwa im Social-Media-Bereich zu unterstützen. Auch hier sollen Chancen und Grenzen des Einsatzes von KI thematisiert werden. Dabei ist oftmals noch weitere Forschung erforderlich und es muss personelle und digitale Infrastruktur geschaffen werden.

Das vorliegende Buch bietet eine Einführung über den aktuellen Stand zur Nutzung von KI durch politische Extremist*innen, aber auch zu den zahlreichen Möglichkeiten KI gegen Extremismus einzusetzen. Es bietet sowohl für Fachleute als auch Laien in diesem Bereich einen ersten Überblick und kann zudem zu Fortbildungszwecken für unterschiedliche Berufsgruppen und die interessierte Öffentlichkeit eingesetzt werden.

Die Autorin bedankt sich herzlich für wertvolle Gespräche mit und Hinweise von Fachkolleg*innen, die mit zum Gelingen des Buches beigetragen haben.

Limburg an der Lahn                                              Isabel Lang
im Juni 2025

# Inhaltsverzeichnis

# Über die Autorin

**Dr. Isabel Lang,** Islamwissenschaftlerin, Autorin zahlreicher Fachbeitrage zum Thema Extremismus und Expertin im Bereich Extremismusforschung
(c) Foto Keunen, Gelnhausen

# Abkürzungsverzeichnis

| | |
|---|---|
| AfD | Alternative für Deutschland |
| AI | Artificial Intelligence |
| BfV | Bundesamt für Verfassungsschutz |
| CCA | The Caliphate Cyber Army |
| DDoS-Attacke | Distributed-Denial-of-Service-Attacke |
| DoS-Attacke | Denial of Service-Attacke |
| DSGVO | Datenschutz-Grundverordnung |
| fdGO | freiheitliche demokratische Grundordnung |
| HAMAS | Harakat al-muqawama al-islamiyya („Islamische Widerstandsbewegung") |
| HSOG | Hessisches Sicherheits- und Ordnungsgesetz |
| IMCC | Islamic Media Cooperation Council |
| IDF | Israeli Defense Forces |
| IS | Islamischer Staat |
| ICA | Islamic Cyber Army |
| ISHD | Islamic State Hacking Division |
| KI | Künstliche Intelligenz |
| ISK | Islamischer Staat Khorasan |
| SCA | Sons Caliphate Army |
| RAF | Rote Armee Fraktion |
| UCC | United Cyber Caliphate |
| VCaaS | Voice Cloning-as-a-Service |

# Begriffsklärungen und Einordnung 1

## 1.1 Künstliche Intelligenz

Der Begriff der KI, d. h. der künstlichen Intelligenz (auf Englisch AI = Artificial Intelligence) ist innerhalb der Forschung umstritten, da bereits der Begriff Intelligenz nicht klar eingrenzbar ist. In der Informatik unterscheidet man zwischen einer starken und einer schwachen KI. KI-Systeme besitzen die Fähigkeit des maschinellen Lernens und können mit Unsicherheiten und Wahrscheinlichkeiten umgehen. Sie können dabei innerhalb eines definierten Bereiches eingesetzt und für diese Tätigkeit trainiert werden. Durch Training und Datenverbesserung besteht zudem die Möglichkeit, sie zu optimieren. Eine schwache KI kann dabei die an sie gestellten spezifischen Aufgaben mit einer hohen Genauigkeit erledigen, ist jedoch lediglich auf einen bestimmten Aufgabenbereich fokussiert.

Die sogenannte schwache KI simuliert intelligentes Verhalten hierbei und wird in der Praxis bereits für zahlreiche Funktionen genutzt – oftmals ohne dass dies der Nutzerin oder dem Nutzer unmittelbar bewusst ist. Beispiele sind etwa in der Datenanalyse, bei Sprachassistenten wie Alexa oder Google Assistent oder auch textbasierte KIs wie ChatGPT oder Jasper, bildbasierte KIs wie DALL-E oder Midjourney, autonomes Fahren wie beim Tesla-Autopilot, bei personalisierter Werbung in Online-Shops oder auch zur Betrugserkennung bei Transaktionen im Finanzsektor und etwa bei Digital Nurses im Gesundheitswesen, in der Bild- und Spracherkennung oder in Übersetzungstools.

Mithilfe einer KI können große Mengen an Daten systematisiert und kategorisiert werden. Sie kann etwa darauf trainiert werden, Muster zu erkennen. KIs können Texte auf der Basis ihnen zur Verfügung stehender Informationen erstellen oder auch Bilder, Audios oder Videos anfertigen. In Form von Chatbots

© Der/die Autor(en), exklusiv lizenziert an Springer Fachmedien Wiesbaden GmbH, ein Teil von Springer Nature 2025
I. Lang, *Künstliche Intelligenz und politischer Extremismus*, essentials,
https://doi.org/10.1007/978-3-658-49024-9_1

können sie mit Menschen im Rahmen der technischen Möglichkeiten interagieren und beispielsweise Fragen beantworten – alles stets auf Grundlage der ihnen zur Verfügung stehenden Daten und des ihnen durch den Menschen gegebenen Rahmens.

Eine starke KI hingegen ist eine KI mit einer menschenähnlichen Intelligenz oder gar einem Bewusstsein. Diese ist bisher nur in Science-Fiction-Filmen vorhanden. Das vorliegende *essential* beschäftigt sich entsprechend ausschließlich mit aktuell in der Praxis vorhandenen schwachen KI-Anwendungen, die entweder von politischen Extremist*innen oder aber in der Analyse und Bekämpfung von politischem Extremismus in Forschung, durch (Sicherheits-)Behörden oder Träger der Prävention eingesetzt werden (können).

Die heute vorhandenen KI-Systeme sind grundsätzlich nicht losgelöst von ihren Erschaffer*innen zu betrachten. Daher wird in der Literatur stets betont, dass KI-Systeme stets nur so gut wie die Daten, die sie zum Training erhalten bzw. die Prompts, die ihnen Menschen vorgeben, sind. Bei der Betrachtung des Themenfeldes KI sind stets auch die Begrenzungen der Technologie zu berücksichtigen. So gibt es beispielsweise Fälle von Diskriminierung von Menschen dadurch dass die KI im Bereich der Gesichtserkennung Personen aufgrund ihrer Hautfarbe oder Augenform benachteiligt. Gründe dafür sind beispielsweise fehlende Trainingsdaten und beispielsweise ein Mangel an in diesem Bereich tätigen Personen mit unterschiedlicher Hautfarbe. Bei einem Einsatz einer KI gegen Extremismus ist daher auch die ausreichende Repräsentanz von Daten marginalisierter Gruppen zu berücksichtigen. KI ist immer auch menschengemacht. Es muss etwa bei einer Nutzung zur Bekämpfung von Extremismus darauf geachtet werden, dass diskriminierende Strukturen nicht reproduziert werden. KIs sind nicht automatisch neutral oder objektiv, sondern stets von Vorstellungen in einem bestimmten Kontext beeinflusst. Dieser Aspekt kann bei einem malevolenten Einsatz von KI genutzt werden und Extremist*innen nutzen auch gerade menschenverachtende und rassistische Elemente. Allerdings sollten gerade bei der Bekämpfung von Extremismus Gefahren der Diskriminierung vermieden werden. Entgegen des Automation Bias (unreflektiertem Vertrauen in Technologie) sollten Menschen sich daher nicht ausschließlich auf die KI verlassen, sondern im Umgang mit ihr geschult werden. Menschen sind auch weiterhin notwendig, um etwa Klassifikationen oder Labellings zu erstellen und um Resultate zu bewerten. Zudem ersetzt der Einsatz einer KI nicht die Prävention auch im sozialen Umfeld der Menschen und die politische Bildung des Einzelnen.

Auch ethische Aspekte sollten beim Umgang mit KIs berücksichtigt werden, wie etwa die Ausbeutung von Clickworker*innen in Ländern des globalen Südens oder etwa der Einsatz von Energie.

## 1.2 Extremismusbegriff

Bei dem im vorliegenden Buch genutzten Extremismusbegriff handelt sich um einen umfassenden Extremismusbegriff, der sowohl Rechtsextremismus und rechtsextremistischen Terrorismus, „Reichsbürger" und „Selbstverwalter", Linksextremismus, Islamismus und islamistischen Terrorismus als auch auslandsbezogenen Extremismus einbezieht und dabei sowohl Gewalt ausübende, Gewalt befürwortende und (vermeintlich) ohne Gewalt agierende Personen und Gruppierungen einbezieht. Zentrales Kriterium ist, dass diese Gruppierungen oder Einzelpersonen sich gegen die fdGO, die in Deutschland gilt, wenden und diese – in welcher Form auch immer – abschaffen und durch andere politische Systeme (sei es ein Kalifat oder eine Art von Reich o. ä.) ersetzen wollen.

Dabei wird im vorliegenden *essential* auch der Islamismus unter dem allgemeinen Label politischer Extremismus subsumiert und nicht nochmal in religiös-begründeten Extremismus differenziert, da auch Islamist\*innen Islam und Politik vermischen und ihre Ideologie religiös-politisch begründen.

Oftmals ist nicht bekannt, dass auch Islamist\*innen moderne Technik wie KI nutzen. Obwohl es hier auch innerislamische Diskussionen um die Zulässigkeit von Techniknutzung oder der Nutzung bestimmter Technikaspekte gibt, sind auch gerade Islamist\*innen höchst technikaffin. Dies ist auch dann der Fall, wenn beispielsweise eine Ideologie vertreten wird, die sich an der vermeintlichen Frühzeit des Islams orientiert. So kämpfen etwa IS-Terrorist\*innen mit modernen Waffen und nicht etwa mit Schwertern. Sie hatten zudem, insbesondere zu der Zeit als sie ein Quasi-Staatsgebilde etablieren wollten, dezidiert Medienbereiche – auch für das Internet – die sich mit der Produktion von Propaganda-Materialien auf dem neuesten Stand der Technik beschäftigen und legen auch weiterhin nach dem Verlust der von ihnen eroberten Gebiete in Syrien und dem Irak einen Fokus auf diesen Bereich und sind dort aktiv. Viele ihre Aktivitäten haben sich zudem ins Internet verlagert und dies ist ein sehr wichtiger Raum zur Vernetzung, Organisation und Radikalisierung für sie (natürlich neben weiteren geographisch relevanten Ausbreitungsgebieten des IS in (Süd-)Asien und Afrika). Dies gilt nicht nur für den IS, sondern auch für andere islamistische Gruppierungen. Für Islamist\*innen – wie auch für andere Extremist\*innen – ist das Internet ein sehr wichtiger Sozialraum. Ohne das Internet wären moderne extremistische Gruppierungen schlicht nicht das, was sie sind (Katz 2022).

Bei der Nennung von Beispielen, d. h. Personen oder Gruppierungen, wird im vorliegenden Buch jeweils erläutert, worum es sich genau handelt, um dies im Kontext zuordnen zu können. Eine genaue Definition des Extremismusbegriffs bzw. Darstellung aller in Deutschland aktiven bzw. die Szenen in Deutschland beeinflussenden Akteur*innen kann aus Platzgründen hier nicht stattfinden. Hierzu verweist die Autorin auf die jeweils aktuellen Verfassungsschutzberichte der Länder oder des BfV. Im Literaturverzeichnis finden sich zudem Hinweise zu weiterer Hintergrundliteratur.

Im Rahmen des vorliegenden Buches werden Beispiele aus verschiedenen extremistischen Phänomenbereichen genannt. Zu beachten ist dabei, dass es bestimmte Narrative gibt, die von verschiedenen Phänomenbereichen geteilt werden, wie etwa im Bereich Antisemitismus. Auch Vorgehensweisen wie etwa das Verbreiten von Desinformation oder von Fake News sind phänomenübergreifend. Während man in früheren Zeiten relativ leicht die Zuordnung zu Gruppierungen vornehmen konnte, ist gerade das Internet-Zeitalter des Extremismus dadurch gekennzeichnet, dass Extremismus fluide wird und Grenzen verschwimmen. Brückennarrative werden verstärkt personen- und gruppenübergreifend geteilt und sowohl Einzelpersonen oder Kleingruppen wählen wie bei einem Büffet das an Ideologie aus, was ihnen gerade genehm scheint und nicht unbedingt das, man klassischerweise an Ideologie oder Vertrautheit mit ideologischen Positionen in diesem Bereich erwarten würde. Aus antisemitischer Motivation heraus ist es beispielsweise möglich, dass eine Person aus dem Bereich Islamismus oder Extremismus mit Auslandsbezug (wo es natürlich u. a. auch Rechtsextremist*innen gibt) ein Bild oder ein Meme von Hitler bzw. mit Hitler-Zitat teilt. Die Übertragung von Inhalten erfolgt oftmals völlig unreflektiert und nicht durchdacht, zumal die Nationalsozialisten die Person in diesem o. g. Fall aus rassistischen/islamfeindlichen Motiven vermutlich selbst auch verfolgt hätten. Auch wenn solche Transfers von Motiven auch im Vor-Internet-Zeitalter auftraten, sind diese in der digitalen Welt verstärkt vertreten. Dies stellt auch neue Anforderungen an die Einteilung von Extremist*innen in die langjährig genutzten Kategorien und wie praktikabel diese Einteilungen angesichts der neuen digitalen Herausforderungen sind.

Es ist möglich, dass die Nutzung von KI zum Erstellen von Materialien noch mehr zu einem Verschwimmen von Ideologien beiträgt, da ein eigenes Auseinandersetzen mit diesen nicht mehr geleistet werden muss. Die KI liefert nun Narrative und Versatzstücke, die gar nicht mehr kritisch hinterfragt werden müssen und dies kann unter Umständen auch zu einer weiteren Normalisierung von Inhalten in diesen Szenen beitragen. Grenzen zwischen Extremismusformen verschwimmen weiter.

Dazu trägt auch bei, dass der Ausschlag dafür, dass sich Menschen einer Extremismusform anschließen, nicht in erster Linie die Überzeugung von einer Ideologie ist, sondern unterschiedlichste Gründe wie die Suche nach Halt und

Orientierung, die Suche nach Bestätigung durch eine Gruppe, das Gefühl der Diskriminierung oder Marginalisierung etc. haben kann.

# Wofür Extremist*innen KI nutzen (können)

## 2.1 Erstellung von Propaganda und Desinformation

KI dient Extremist*innen dazu, große Mengen an Propaganda für verschiedene Zielgruppen zu erstellen. Dies kann durch KI mit weniger Aufwand, in kürzerer Zeit und zudem zielgruppenspezifischer erstellt werden als dies jemals zuvor der Fall war. Ferner kann KI dazu beitragen, Inhalte auch für die Moderator*innen auf Plattformen schwerer auffindbar zu machen. Verbreitet werden neben den verschiedenen Ideologien auch ideologische Bestandteile wie Verschwörungsmythen, Desinformation, Hate Speech und Fake News. Neben der Umgestaltung von bereits vorhandener Propaganda kann auch vollständig synthetische Propaganda mit künstlichen Inhalten erstellt werden. Ferner kann diese personalisiert und individualisiert werden, um Personen ganz gezielt anzuwerben. Im Rahmen der Nutzung von Medien können bei der Erstellung von Propaganda Varianten von Bildern und Videos erstellt werden. Durch Übersetzungs-Tools können zudem Inhalte in verschiedene Sprachen übersetzt werden (vgl. Abschn. 4.1). Erstellt werden können neben Bildern (vgl. Abschn. 4.4) auch Deepfake-Audios (vgl. Abschn. 4.2), Deepfake-Videos (vgl. Abschn. 4.5), beispielhaft auch Musik (vgl. Abschn. 4.3) und KI-Influencer*innen (vgl. Abschn. 4.6).

## 2.2 Rekrutierung/(Selbst-)Radikalisierung

Durch die gezielte Gestaltung von Inhalten oder auch der Nutzung von Chatbots können neue Personen gewonnen werden. Hier spielt die Ansprache auch etwa durch KI-Influencer*innen eine Rolle (vgl. auch Abschn. 4.6). KI kann die

© Der/die Autor(en), exklusiv lizenziert an Springer Fachmedien Wiesbaden GmbH, ein Teil von Springer Nature 2025
I. Lang, *Künstliche Intelligenz und politischer Extremismus*, essentials,
https://doi.org/10.1007/978-3-658-49024-9_2

Ansprache und passgenaue Rekrutierung optimieren und etwa auch die Interaktion mit einem Menschen vortäuschen. Viele Menschen haben zudem auch
keine Vorbehalte, mit KI zu interagieren, was etwa die Nutzung von Companion-
Apps zeigt. KI erspart extremistischen Gruppierungen auch hier den persönlichen
Einsatz und Zeit. Es können zudem auch dezidiert Bots gebastelt werden, die
bestimmte politische Positionen vertreten, wie etwa RightWingGPT von Rozado.
Der neuseeländische Datenwissenschaftler David Rozado versuchte hier im Rahmen eines Experiments mit seinem Team des New Zealand Institutes of Skills and
Technology, inwiefern Chatbots politische Einstellungen wiedergaben (Klaiber
2023).

Doch Chatbots mit extremistischen Botschaften gibt es nicht nur im theo-
retischen Forschungsbereich. Gab AI der US-amerikanischen rechtsextremen
sozialen Netzwerks Gab ermöglicht es seinen Nutzer*innen etwa, eigene Chatbots zu erstellen. Derzeit gibt es beispielsweise auch Hitler- und Osama-bin-
Laden-Chatbots, die zur Radikalisierung der Nutzer*innen und Verbreitung von
Ideologien und Desinformation beitragen (Bryce & Rogal 2024). Die AI Incident
Database berichtet zudem, dass Glimpse AI Chatbots auf der Nomi-Plattform u. a.
zu Terrorismus, Bombenherstellung, Hate Speech, rassistisch motivierte Gewalt
etc. motivierten (AI Incident Database 1041).

## 2.3    Informationsgewinnung

KI ermöglicht auch Extremist*innen die Gewinnung von Informationen. Dies
kann auch problematische Bereiche betreffen, wie etwa dass KI auch die Simula-
tion von Anschlagsabläufen ermöglicht oder etwa Informationen zum Bombenbau
oder der Gewinnung von ABC-Waffen geben kann (ZDF 2024). Dabei können Sicherheitseinstellungen der KI-Tools z. T. relativ leicht umgangen werden
(Jailbreaking). Versuche haben gezeigt, dass etwa ChatGPT mit den passenden
Prompts dazu gebracht werden kann programmierte Richtlinien zu missachten
oder sich anders zu verhalten als vorgesehen.

## 2.4    (Cyber-) Attacken

KI ermöglicht automatisierte Angriffe in bisher nicht dagewesener Breite und
Skalierung. Bereits in der Vergangenheit haben extremistische Gruppierungen
Cyberattacken durchgeführt. KI kann nun dazu genutzt werden, diese mit weni-
ger Zeitaufwand und weniger personellem Einsatz vorzunehmen. KI kann dabei

im Bereich Social Engineering die Manipulation von Nutzer*innen erleichtern, sie kann aber auch als Angriffswerkzeug eingesetzt werden und beispielsweise Malware erstellen. Allerdings kann sie umgekehrt auch zur Verteidigung eingesetzt werden. Durch den möglichen Einsatz von KI für Cyberattacken durch Extremist*innen sind sowohl Unternehmen als auch öffentliche oder andere Einrichtungen gefragt, ihre Cybersecurity-Strategie entsprechend anzupassen.

Extremistische Gruppierungen oder Einzelpersonen können dabei genau dieselben Vorgehensweisen oder Attacken durchführen wie andere Hacker*innen auch und in der Vergangenheit gab es bereits zahlreiche Hacking-Angriffe. Methoden möglicher Angriffe sind bei extremistischen Hacker*innen dieselben wie etwa bei anderen kriminell agierenden Hacker*innen: Doxing/Doxxing (Zusammentragen und Veröffentlichen von personenbezogenen Daten), Defacement (Veränderung einer Webseite, um Propaganda zu verbreiten), Denial of Service-Attacke (DoS-Attacke, d. h. Überlastung des Datennetzes durch eine Vielzahl von gezielten Anfragen), ebenso auch Distributed-Denial-of-Service-Attacke (DDoS, d. h. Anfragen von einer Vielzahl von Quellen aus), Ransomware-Angriff (Schadsoftware verwehrt den Opfern Zugang zu einem Computersystem und verschlüsselt die Daten), Phishing (illegale Beschaffung von Daten über gefälschte Webseiten, E-Mails und Kurznachrichten zwecks Identitätsdiebstahl), Einbruch in fremde Computer und Zufügung von Schaden durch Viren, Würmer oder Trojaner, Eindringen in fremde Computer zwecks Informationsbeschaffung. Es gibt zahlreiche Beispiele aus der Vergangenheit für Hacking durch extremistische Gruppierungen. Besonders aktiv hat sich hier etwa der so genannte Islamische Staat mit gleich unterschiedlichen Hacking-Gruppen hervorgetan: The Caliphate Cyber Army (CCA), Islamic State Hacking Division (ISHD), Islamic Cyber Army (ICA), Rabiat Al-Ansar – League of Supporters, Sons Caliphate Army (SCA) und United Cyber Caliphate (UCC) (Rosengren 2023). Durchgeführt haben die Pro-IS-hacking-Gruppen bisher DoS- und DDoS-Attacken, Defacement, Desinformationskampagnen, sie haben Daten gestohlen oder zerstört, die Schwächen eines Systems ausgenutzt und Virus-Attacken ausgeführt (Rosengren 2023). Neben Gruppen sind auch Einzelpersonen aktiv, wie Waheba Dais aus Wisconsin, die sich in Social Media-Accounts, z. B. auf Facebook, hackte, um mit anderen zu kommunizieren und Propaganda zu teilen (Alexander & Clifford 2019, S. 25 f.). Nicht nur der IS verübt Angriffe, sondern in Verbindung mit dem Angriff der palästinensischen Terrororganisation HAMAS auf Israel am 07.10.2023 wurden auch Cyber-Angriffe gegen Webserver, Seiten, Mobile Apps von Behörden und Medien in Israel verübt. Zudem tauchten in Videokonferenzen des israelischen Bildungsministeriums Personen auf, die sich als HAMAS-Kämpfer ausgaben (Wietlisbach 2023). Es ist möglich, dass durch den Einsatz von KI ein Anstieg von Angriffen, auch etwa durch personell oder technisch weniger gut aufgestellte Gruppierungen, zu verzeichnen ist.

## 2.5    KI-unterstützte Attacken im realen Raum

Heute sind beispielsweise auch Drohnen mit KI-Technik ausgestattet und auch automatisierte Fahrzeuge sind längst kein Science-Fiction mehr. Beide können für Anschläge im realen Raum eingesetzt werden. Durch ihren Einsatz können diese Anschläge durchgeführt werden, ohne dass die Ausführenden dabei zu schaden kommen, da bei Fahrzeugen etwa kein Fahrer oder keine Fahrerin notwendig sind und Drohnen ohne einen Piloten oder eine Pilotin auskommen. Während für bestimmte Anschläge noch Personen notwendig waren, die diese als erweiterten Suizid durchführten bzw. so ideologisiert waren, dass sie bereit waren, als Selbstmordattentäterin oder Selbstmordattentäter zu sterben, wäre dies hier nicht mehr der Fall.

Der Einsatz von Drohnen in Konflikten hat bereits eine lange Geschichte, ist aber insbesondere durch den Angriffskrieg Russlands auf die Ukraine intensiviert worden. Drohnen sind leicht zu bedienen, können über weite Entfernungen eingesetzt werden, sind leicht, günstig und es wird kein Pilot oder keine Pilotin benötigt, der oder die eventuell zu Schaden kommen könnte.

Dabei hat der Einsatz von Drohnen durch nicht-staatliche Akteure bereits eine lange Tradition. So experimentierte schon die japanische Endzeitsekte Aum Shinrikyo, die 1995 einen Anschlag auf die Tokioter U-Bahn durchführte, mit remote-kontrollierten Helikoptern zum Verteilen des Nervengifts Sarin, welche aber bei Tests zerstört wurden (Archambault & Veilleux-Lepage 2020, S. 958).

Verschiedene islamistische Gruppierungen nutzen Drohnen. Die HAMAS und die libanesische Terrororganisation Hizbullah verfügen bereits seit Mitte der 2000er Jahre über Drohnen-Programme (Kirschke-Schwartz & Clarke 2021). Besonders schnell entwickelte sich auch das Drohnen-Programm des so genannten IS. Auch Affiliates des IS in den Philippinen, Libyen und im Jemen und al-Qaida-Affiliates in Syrien und die Hizbullah und die Taliban haben bereits Drohnen eingesetzt (Hennigan 2017). Ebenso auch Boko Haram (Aguilera 2023). Die jemenitischen Huthis beispielsweise setzen ebenfalls Drohnen ein. Der Islamische Staat Khorasan (ISK) rief beispielsweise auch zu Drohnen-Attacken im Westen auf (Basit & Dass, 2024).

Drohnen sind jedoch nicht nur im Islamismus bekannt. Der White Supremacist Brenton Tarrant, der im Jahr 2019 51 Menschen in zwei Moscheen in

Christchurch ermordete, machte mindestens einen Drohnenflug über dem Ort (Kirschke-Schwartz & Clarke 2021).

Allerdings werden Drohnen nicht nur von Terrorist*innen eingesetzt, sondern auch zur Bekämpfung dieser Gruppierungen etwa zur Aufklärung, Abwehr oder auch für so genannte „gezielte Tötungen" von Terrorist*innen.

Besonders vorangeschritten ist wie oben genannt der Einsatz von Drohnen im Kampf im Konflikt zwischen Russland und der Ukraine. Hier spielt inzwischen auch KI eine Rolle. So setzte die Ukraine im Jahr 2025 erstmals neue KI-Drohnen ein, die ihr Ziel selbst erkennen und angreifen können. Der Transport erfolgt mit einem KI-Drohnenträger (ntv 2025).

Die Nutzung von Fahrzeugen für Anschläge ist ebenfalls bereits weit verbreitet – sowohl im islamistischen (wie beispielsweise der Anschlag auf den Berliner Weihnachtsmarkt durch den IS-Terroristen Anis Amri mithilfe eines Sattelzugs im Jahr 2016) als auch im rechtsextremen Spektrum (wie beispielsweise der mit einem BMW X3 ausgeführte Anschlag des rechtsextremistischen und islamfeindlichen saudischen Facharztes für Psychiatrie und Psychotherapie Taleb al-Abdulmoshen im Jahr 2024 auf den Magdeburger Weihnachtsmarkt). Attacken wie die letztere zeigen, dass Modi von verschiedenen extremistischen und terroristischen Gruppierungen übernommen und von extremistischem Milieu zu Milieu transportiert werden – der Modus eines Anschlags muss daher keine Auskunft mehr über eine bestimmte ideologische Richtung geben, wie dies vielleicht früher noch der Fall war. Sie zeigt auch die Fluidität von Milieus und dass man mit komplexen extremistischen Täterprofilen rechnen muss, wozu auch der Online-Einfluss und die Online-Radikalisierung beitragen.

Auch in Deutschland dürfen vollständig automatisierte Fahrzeuge seit Mai 2021 grundsätzlich am Straßenverkehr teilnehmen. Allerdings ist die Entwicklung hier lange nicht so vorangeschritten, wie in den USA und China (Rudschies, W., A. Huber & T. Kroher 2024). Auch im Bereich der automatisierten Fahrzeuge bestehen Gefahren des Einsatzes durch politische Extremist*innen und damit des malevolenten Einsatzes von KI in diesem Zusammenhang.

# Gründe für die Nutzung von KI durch Extremist*innen

# 3

KI bietet Extremist*innen folgende Vorteile:

- Sie können viele Inhalte in kurzer Zeit erstellen und verbreiten.
- Die Erstellung ist einfach, d. h. auch ohne tiefgreifende technische Kenntnisse durch Laien durchführbar.
- Die KI erspart eigenes Konzeptionieren oder Reflektieren über Ideologie.
- Die Erstellung von Inhalten ist günstig oder kostenlos, da viele Tools frei im Internet verfügbar sind.
- Es lassen sich sowohl Zeit als auch persönliche Kapazitäten einsparen.
- Akteur*innen begeben sich nicht dabei in Gefahr bzw. können anonym auftreten (etwa durch Avatarisierung).
- Es lassen sich Inhalte generieren, zu denen keine Bilder oder Videos verfügbar sind bzw. die erst aufwendig erstellt werden müssten.
- KI ermöglicht den einfachen Zugang zu Informationen (etwa auch Bombenbau und ABC-Waffen).
- KI lässt sich umgehen und im eigenen Sinne manipulieren.
- KI ist in weiteren Technologien wie Drohnen etc. enthalten und ermöglicht hier Vorteile auch bei Attacken im realen Raum.

Neben dieser ausdrücklich aktiven Nutzung profitieren Extremist*innen jedoch auch von einer quasi passiven Nutzung von KI etwa dadurch, dass etwa YouTube, TikTok und andere Plattformen Inhalte vorschlagen, um Nutzer*innen länger auf ihren Plattformen zu halten und dadurch bestimmte Filterblasen erzeugen.

© Der/die Autor(en), exklusiv lizenziert an Springer Fachmedien Wiesbaden GmbH, ein Teil von Springer Nature 2025
I. Lang, *Künstliche Intelligenz und politischer Extremismus*, essentials,
https://doi.org/10.1007/978-3-658-49024-9_3

Allerdings kann auch dies durch Extremist*innen manipuliert werden, da diese etwa Hashtags erstellen oder auch bewusst immer problematischere Inhalte erstellen, um mehr Clicks und eine höhere Reichweite zu erzeugen. Zugleich können Content-Creator*innen wie Extremist*innen auch dazu motiviert werden, immer radikalere Inhalte zu generieren, die dann mehr Aufrufe erhalten.

Hier sollte auch nicht vergessen werden, dass z. B. extremistische Influencer*innen nicht nur Ideologie verbreiten wollen, sondern oftmals auch finanzielle Interessen auf solchen Plattformen verfolgen. Auch dies kann dazu führen, dass immer radikalere Inhalte für mehr Clicks präsentiert werden und somit auch ihre Follower*innen weiter radikalisiert werden.

Die KI-Nutzung erfolgt dabei genau wie die andere Nutzung von Technologie auch im Sinne einer dezentralen Erstellung von Inhalten durch Extremist*innen. Die Nutzung neuer Technologie und deren Einsatz ist je nach Gruppierung unterschiedlich, da dies auch von deren zentraler Organisation abhängig ist. So gibt es etwa offizielle Medienkanäle des sogenannten Islamischen Staates, der versucht, quasi-staatliche Strukturen zu errichten und damit seinem Anspruch, ein Staat zu sein, entspricht, was ihm in Syrien/dem Irak für kurze Zeit gelungen ist und er ist auch heute geographisch noch hoch aktiv in Afrika und (Süd-)Asien. Allerdings hat auch er informelle Kanäle und Follower*innen, die vermeintlich oder tatsächlich autonom agieren. KI kann zudem von Einzelpersonen oder Kleingruppen ohne den Support einer großen Gruppe oder deren Strukturen genutzt werden. Der Organisationsgrad der Ersteller*innen ist daher unterschiedlich.

# Welche KI-Tools bisher von Extremist*innen genutzt werden

4

Extremist*innen setzen aktiv KI ein, um propagandistische Inhalte zu generieren, dabei sprechen sie insbesondere die Emotionen von Menschen an, indem etwa Kinder oder Tiere dargestellt werden. Gerade im Gaza-Konflikt werden gerne Bilder von verwundeten Kindern generiert, um die Betrachter*innen emotional zu berühren und auch um Hass zu generieren und dies Adressat*innen möglicherweise zu eigenen (gewalttätigen) Aktionen zu motivieren. In einem rechtsextremen Bereich findet man beispielsweise Darstellungen von als gefährlich gezeichneten (männlichen) Geflüchteten, die Angst erzeugen sollen. Auch hier werden Emotionen angesprochen, zum Hass und eventuellen Handlungen angestachelt. KI-generierte Inhalte können zur Abwertung von „Feinden" genutzt werden oder identitätsstiftend innerhalb der eigenen Gruppe wirken. Dabei wird sie gezielt genutzt, um Content zu produzieren, der beispielsweise bestimmte Zielgruppen anspricht, wie junge Menschen auf TikTok oder Memes, indem etwa auf beliebte Cartoonfiguren wie Spongebob zurückgegriffen wird, d. h. genutzt werden Bilder und Figuren, die aus der Lebenswelt der Zielgruppen stammen, um eine Vertrautheit zu suggerieren und Anschlussfähigkeit zu simulieren.

Extremist*innen nutzen KI in unterschiedlichen Bereichen, um ihre Ziele zu erreichen. Diese sollen im Folgenden mit Beispielen dargestellt werden. Dabei ist zu beachten, dass diese Methoden oftmals nicht alleine genutzt werden, sondern auch in Kombination wie etwa Audio-Deepfakes in Kombination mit Videos, wenn Rechtsextremist*innen etwa Reden von Hitler verbreiten. Im Folgenden wird auch immer wieder darauf hingewiesen, wenn Methoden kombiniert werden.

© Der/die Autor(en), exklusiv lizenziert an Springer Fachmedien Wiesbaden GmbH, ein Teil von Springer Nature 2025
I. Lang, *Künstliche Intelligenz und politischer Extremismus*, essentials, https://doi.org/10.1007/978-3-658-49024-9_4

Es ist zudem festzustellen, dass Extremist*innen Content mit KI nicht nur erstellen, sondern sich aktiv zu Möglichkeiten der Erstellung austauschen bzw. sich gegenseitig dazu Tipps geben oder dazu instruieren. Es findet also eine Professionalisierung und Verbreitung von Skills in den jeweiligen Szenen statt. Beispiele sind hierfür etwa das Islamic Media Cooperation Council (IMCC), eine al-Qaida-nahe Medien-Gruppe, welche im Februar 2024 einen Workshop zu KI ankündigte. Im selben Monat veröffentlichte IMCC und eine weitere Medien-Gruppe eine 50-seitige arabischsprachige Anleitung, wie man OpenAIs Chat GPT nutzen kann (Katz 2024). Nazi-Content-Creatoren wie OMGITSFLOOD unterrichten andere per Livestream, wie man KI nutzt, um lebensechte Videos von Adolf Hitler zu erstellen und rechtsextremistische Ideologie an die Zielgruppen zu bringen (Bangladesh News Network o. J.).

## 4.1 Sprache-zu-Text-Transkription, automatisierte Übersetzung

KI ermöglicht die sekundenschnelle Übersetzung von Inhalten, was insbesondere für transnational agierende Gruppierungen bzw. Gruppierungen, die ihre Inhalte in verschiedenen Sprachen zur Verfügung stellen wollen, von Interesse ist.

Auch Vorträge oder Reden von extremistischen Personen können schnell verschriftlicht und sofort einer großen Personengruppe zugänglich gemacht werden.

## 4.2 Voice Cloning und Audio-Deepfakes

Beim Voice Cloning kann man mithilfe von KI die Stimme einer anderen Person replizieren. Dabei wird die Stimme nicht nur einfach repliziert, sondern man kann diese exakt das sagen lassen, was man möchte. Während es zahlreiche positive Nutzungen des Voice Clonings gibt, wie etwa dass Menschen, die durch eine Behinderung nur eingeschränkt oder gar nicht mehr sprechfähig sind (etwa nach einem Schlaganfall), eine Stimme erhalten, kann Voice Cloning ebenso auch für zahlreiche malevolente Zwecke genutzt werden. Stimmklone können leicht etwa mit ElevenLabs, Speechify, PlayHT, Descript, Invideo AI und Veed erstellt werden. Dabei erhöht eine größere Menge an Trainingsmaterial (d. h. eine längere Stimmprobe) die Genauigkeit des Stimmklons. Voice Cloning wird sowohl von Cyberkriminellen als auch von Extremist*innen genutzt.

Erstellt werden solche Stimmklone etwa als Replay-basierte Sprach-Deepfakes, bei denen eine Stimme heimlich aufgezeichnet und später für Phishing-Angriffe verwendet wird (etwa im Rahmen des CEO-Frauds oder Whale-Phishing, wo z. B. Mitarbeiter*innen von Firmen durch das Vortäuschen falscher Identitäten zur Überweisung großer Geldmengen gebracht werden sollen). Eine andere Methode sind synthetische Sprach-Deepfakes, bei denen die KI Sprachaufnahmen der Zielstimme erhält und man der KI dann durch Texteingabe, d. h. „Text-to-Speech"-Funktion oder „Voice Conversion", d. h. Aufnahme der eigenen Stimme den Text vorgibt, den sie sprechen soll (Onlinesicherheit.at 2023).

Im Bereich des Social Engineering kann Voice Cloning dazu eingesetzt werden, Menschen emotional zu manipulieren, damit diese etwa Daten preisgeben oder Handlungen ausführen wie etwa die Überweisung oder Übergabe von Geldbeträgen. Inzwischen hat sich Voice Cloning auch zu einem neuen kriminellen Geschäftsmodell entwickelt, d. h. Voice Cloning-as-a-Service (VCaaS). Cyberkriminelle bieten dies im Dark Web an und diese Leistung kann dort auch erworben werden.

Neben der Nutzung durch Cyberkriminelle werden Voice Cloning und Audio-Deepfakes auch durch politische Extremist*innen genutzt. Durch sie können etwa gezielt Desinformation und Fake News verbreitet werden, indem man beispielsweise Politiker*innen Inhalte in den Mund legt, die sie nicht gesagt haben. Auch ausländische Akteur*innen, die an der Destabilisierung etwa eines demokratischen Staatssystems und der Manipulation von Wahlen interessiert sind, können diese Methoden einsetzen. Dadurch dass gerade von Politiker*innen viel Audiomaterial online verfügbar ist, besteht hier eine große Menge an Trainingsmaterial für die KIs.

Bei Wahlen in den USA im Jahr 2024 wurden demokratische Wähler*innen in New Hampshire etwa von einer telefonischen Stimme im Rahmen eines Robocalls aufgefordert, zu Hause zu bleiben. Diese Stimme war dem US-amerikanischen Präsidenten Joe Biden nachempfunden und KI-generiert. Das Ziel war hier, Desinformation zu verbreiten und die Wahl zu Ungunsten von Joe Biden zu beeinflussen (Süddeutsche Zeitung 2024).

Beispiele für Audio-Deepfakes aus dem extremistischen Bereich sind beispielsweise Hitler-Reden auf Englisch auf TikTok mit Millionen von Views (AI Incident Database 809). Hervorzuheben ist hierbei auch, dass solche Reden beispielsweise von einem koordinierten Neo-Nazi-Netzwerk auf TikTok verbreitet wurden, die die Moderation der Plattform u. a. durch kodierte Sprache umgingen (AI Incident Database 810).

Für den ungeübten Hörer oder die ungeübte Hörerin klingen diese Stimmklone immer authentischer und insbesondere wenn sie das Gefühl haben, dass durch die Inhalte der Aufnahmen ihre persönliche Einschätzung eines Politikers oder einer Politikerin bestätigt wird, neigen sie eher dazu, dies zu glauben. Es gibt jedoch auch Möglichkeiten, Inhalte zu prüfen. Dabei sollte insbesondere kritisch betrachtet werden, wie wahrscheinlich es ist, dass eine Person so eine Aussage macht. Zudem kann man prüfen, ob dies von seriösen Nachrichtenseiten rezipiert oder hier bereits darauf hingewiesen wird, dass es sich um Desinformation handelt. Daneben kann man Audio-Aufnahmen der Personen vergleichen und hier auf Nuancen achten, die diese eventuell unterscheiden. Derzeit sind KI-erstellte Audios noch nicht ganz perfekte Kopien, d. h. es können etwa Unterschiede im Sprachtiming, Rhythmus und Intonation auftreten oder Artefakte vorliegen, d. h. Anomalien im Audiosignal. Auch technische Mittel wie eine Spektralanalyse, biometrische Spracherkennung und Machine-Learning-Modelle, d. h. KI, die eingesetzt wird, um KI-generierte Inhalte zu erkennen, können genutzt werden (SoSafe o. J.). Als Bürgerin oder Bürger kann man sich beispielsweise vor Phishing durch Voice Cloning schützen, indem man online keine Audio-Material von sich zur Verfügung stellt oder bei Anrufen, die auf die Gewinnung von Stimmmaterial abzielen, nur kurz antwortet bzw. unbekannte Anrufe ablehnt.

Neben reinem Voice Cloning und Audio-Deepfakes gibt es auch die Kombination mit Video-Inhalten, d. h. nicht nur die Stimme wird generiert, sondern zugleich auch ein Video dazu erstellt (vgl. Abschn. 4.5 Videogenerierung/Deepfake-Videos).

## 4.3   KI und extremistische Musik

Audio-Deepfakes werden von extremistischen Personen/Gruppierungen zudem eingesetzt, um Musikaufnahmen (teilweise auch in Verbindung mit Videos, d. h. als Video-Deepfakes) zu schaffen. Auch dies ist ein Trend, der sich in verschiedenen Phänomenbereichen findet. Ein Beispiel ist etwa Content von Affiliates und Sympathisant*innen von al-Qaida und dem IS, die z. B. auf TikTok animierte Musikvideos von Spongebob Schwammkopf und Rick Sanchez oder populären YouTubern wie PewDiePie und MrBeast posteten, in denen sie Kampf-Naschids singen (Siegel 2024). Bei Naschids handelt es sich um traditionelle islamische Gesänge, die je nach religiöser Richtung mit oder ohne Musik-Instrumente vorgetragen werden. Ihr Ursprung liegt in einem nicht-islamistischen Kontext, sie wurden jedoch von Islamist*innen vereinnahmt und werden von diesen für ihre Zwecke genutzt. In einem islamistischen Bereich werden sie eingesetzt, um

Kämpfer zum Kampf und Märtyrertod zu animieren oder auch aus ihrer Sicht „Ungläubige" abzuwerten. Durch die Nutzung von populären Charakteren für die Generierung der Musik-Inhalte versuchen Islamist*innen, eine größere Reichweite zu erzielen. Personen, die diese ihnen bekannten Personen oder Cartoons sehen, können unter Umständen die extremistischen Inhalte übersehen und mit diesem interagieren oder den Creatorn folgen. Die Zielgruppe sind hier offenbar junge Menschen, die mit den Cartoon-Charakteren und YouTubern vertraut sind (Siegel 2024).

Doch nicht nur Islamist*innen nutzen KI, um Musik-Inhalte zu kreieren. Diese wird auch von Rechtsextremist*innen eingesetzt. Heron Lopez beschreibt, wie sie etwa auf Plattformen wie Udio und Suno AI zurückgreifen und ihre Musik z. B. auf Facebook und 4chan's political incorrect board (/pol/) verbreiten. Produziert werden etwa antisemitische und rassistische Inhalte, verschiedene Arten von Propaganda-Musik und auch Inhalte mit Verschwörungsmythen und terroristischen Inhalten. Es werden auch Informationen für Anhänger*innen verbreitet, wie man Musik erstellen kann. Inhalte können in verschiedenen Sprachen erstellt werden. Suno AI kann etwa in 50 Sprachen agieren. Zudem ermöglichen die Plattformen, die Inhalte in verschiedenen Genres zu erstellen und damit Hörer*innen in ihrem bevorzugten Musikstil anzusprechen (Lopes 2024). Lopez stellt fest: *„This marks a concerning evolution as radicalising music content, once confined mostly to niche genres like far-right rock, can now be generated to emulate any music of any genre and style, including mainstream, which appeals to individuals across various regions and age groups."* (Lopes 2024). Genutzt werden die Lieder durch Rechtsextremist*innen zur Stärkung der Identität der Gruppen, für die Verbreitung von gewaltsamen Ideen und Radikalisierung. Durch die Verpackung in scheinbar harmlose Lieder können extremistische Inhalte vereinfacht und leicht zugänglich an junge Menschen gebracht werden (Lopes 2024). Die Verschleierung von Inhalten führt zur Normalisierung und Verharmlosung dieser und zum langsamen Eingang in den Mainstream.

## 4.4　Bildgenerierung (für propagandistische Bilder oder auch Memes)

Bildgenerierung für propagandistische Bilder oder auch Memes finden sich inzwischen in vielfältiger Weise und in unterschiedlichen Phänomenbereichen des Extremismus. Jeder kann fast ohne Kenntnisse z. B. über Bildgeneratoren wie Midjourney, DALL-E etc. Bilder erstellen. Im Extremismusbereich werden beispielsweise gerne Bilder von Kindern oder Tieren eingesetzt, um Emotionen auszulösen. Ein Beispiel ist etwa der Gaza-Konflikt, wo z. B. verletzte Kinder gezeigt werden. Diese Bilder werden meist mit dramatischen Texten weiterverbreitet. Im rechtsextremen Bereich werden beispielsweise bedrohlich wirkende Bilder von als ausländisch gelesenen Menschen erstellt, um durch diese Angst und Hass bei den jeweiligen Follower*innen auszulösen. Im rechtsextremen Bereich ist etwa die Darstellung von Nazi-Inhalten, wie Bildern mit Hakenkreuzen, Bildern, die Jüdinnen und Juden diffamieren sollen, rassistischen Inhalten etwa gegen schwarze Menschen usw. üblich. Gerade Antisemitismus ist ein Brückennarrativ, das sich in verschiedenen Phänomenbereichen des Extremismus wiederfindet. Nachdem Abu Obeida, der Sprecher der Al-Qassam-Brigaden der HAMAS im Dezember 2023 behauptete, dass die Israeli Defense Forces (IDF) Windeln tragen würden, wurden in der Folge beispielsweise zahlreiche Bilder und Memes und auch Audio-Deepfakes über die israelischen Streitkräfte verbreitet, dass diese Windeln tragen würden. Verbreitet wurden sie etwa auf TikTok, YouTube und Twitter und teilweise auch unter dem Hashtag #IsraeliDiaperForce (Siegel 2024). Die Behauptung ist natürlich völlig haltlos, Ziel der Verbreitung des Narrativs war es, sich über die IDF lustig zu machen und diese als feige darzustellen.

Durch die Nutzung von KI zur Bildgenerierung kann eine deutlich größere Anzahl an Bildern erstellt werden als dies mit einer normalen Kamera üblich wäre, zudem lassen sich diese in einem Kontext anfertigen, der sonst umständlich gestellt werden müsste.

Dabei werden die Generierungsmöglichkeiten immer ausgefeilter. Derzeit lassen sich KI-generierte Bilder zum Teil noch dadurch identifizieren, dass Menschen beispielsweise zu viele Finger haben, es Asymmetrien, Schatten oder Spiegelungen gibt, Brillen oder Ohrringe verformt sind, das Gesicht unnatürlich wirkt, Körperproportionen nicht stimmen, das Bild künstlich und geglättet wirkt oder es im Hintergrund Fehler wie geklonte Personen gibt. Allerdings sprechen gerade emotionale Bilder Menschen derart an, dass sie diese nicht in Frage stellen und extremistische Inhalte für echt gehalten und weitergepostet werden.

Auch im digitalen Bereich gilt die Devise „Ein Bild sagt mehr als tausend Worte." und gerade auf kleinen Bildschirmen wie etwa denen von Handys ist für die Betrachterin oder den Betrachter nicht immer erkennbar, ob es sich um ein KI-generiertes Bild handelt oder nicht.

## 4.5    Videogenerierung/Deepfake-Videos

Neben der Generierung von einzelnen Bildern, Audio-Aufnahmen oder Texten bzw. der Übersetzung von Texten können KIs auch ganze Videos generieren. Auch dies ist inzwischen für Laien einfach zu erstellen. Notwendig ist hier ebenfalls lediglich ein PC mit einer guten Grafikkarte und frei verfügbare Apps. Verbunden wird hier die Generation eines Charakters oder mehrere Charaktere, Stimmen-Generation und Lippenbewegungen und die Verbindung zur Audio-Datei. Bekannt waren Deepfakes bis vor Kurzem überwiegend im Pornobereich, wo etwa mit bekannten Schauspielerinnen ohne deren Einverständnis als Darstellerinnen Filme geschaffen wurden. Inzwischen sind Deepfake-Videos sehr präzise. Man kann etwa bekannte Persönlichkeiten wie Politiker*innen sagen oder machen lassen, was man möchte. Genutzt werden Deepfake-Videos allgemein von Cyberkriminellen, die beispielsweise Mitarbeiterinnen oder Mitarbeiter im Rahmen des CEO-Frauds große Geldmengen überweisen lassen wollen. Die Angestellten der Firmen gewinnen hier den Eindruck, dass sie gerade mit ihren oder ihrem Vorgesetzten sprechen und dieser die Überweisung in Auftrag gibt. Daneben können Deepfake-Videos jedoch auch von Extremist*innen und Extremisten verschiedener Phänomenbereiche oder auch fremden Geheimdienst, Hackern oder zur Wirtschaftsspionage eingesetzt werden. Sie imitieren Personen, denen die Adressat*innen vertrauen, und lassen sie gleichzeitig das sagen, was ihre Erschaffer*innen sie sagen lassen wollen. Deepfake-Videos werden schon heute zu politischen Zwecken erstellt und können genutzt werden, um Politiker*innen zu diskreditieren und die öffentliche Meinung – beispielsweise vor Wahlen – zu beeinflussen. Damit können sie je nach Einsatz und Inhalt auch demokratiegefährdend sein. Daneben werden sie von Extremist*innen auch eingesetzt, um schnell, günstig und in großen Mengen ihre Ideologie zu verbreiten. Dabei sprechen sie v. a. junge Menschen an, die auf diesen Plattformen unterwegs sind. Allerdings sollte auch nicht unterschätzt werden, dass ältere Personen, die etwa keinen Unterricht in Medienkompetenz erhalten haben, durch diese beeinflusst werden können (Pohl & Wiedemann 2025; Lang 2025a; Lang 2025b).

Auch historische Personen, die für die jeweilige Szene relevant sind, können dabei in Videos dargestellt werden. So wird in der rechtsextremistischen Szene Adolf Hitler durch KI reanimiert, ihm werden weitere aktuelle ideologische Aspekte etwa von White Supremacists in den Mund gelegt und Inhalte über TikTok, Instagram, X und YouTube verbreitet. Durch die Videos, in denen Hitler etwa auf Englisch wettert, wird eine neue Generation von Adressat*innen erreicht. Nazi-Content-Creatoren wie OMGITSFLOOD unterrichten andere per

Livestream, wie man KI nutzt, um solche Videos herzustellen. Durch ihre Aktivitäten erreichen sie mit ihrer Ideologie eine große Menge an Adressat*innen (Bangladesh News Network 2024).

KI-Technologie kann auch dazu genutzt werden, um Tatsachen anders darzustellen bzw. komplett zu verfälschen. Ein Beispiel ist das Austauschen des Tons bei Aufnahmen von Protestierenden gegen die AfD mit Audios mit angeblicher Unterstützung für diese (AI Incident Database 931).

Auch Islamist*innen nutzen KI zur Erstellung von Deepfake-Videos. So wurden auf einem IS-Server auf Rocketchat nach der Attacke auf die Crocus City Hall in Moskau im März 2024 etwa verschiedene Videos im Stil von Nachrichten-Videos gepostet. Generiert wurden zwei verschiedene Sprecher-Charaktere, d. h. einer mit militärischer Uniform und einer mit traditioneller islamischer Kleidung (Borgonovo et. al. 2024). Das erste Video wurde am 27.03.2024 gepostet und der „Sprecher" rezitierte einen Bericht der Amaq News Agency des IS vom 23.03.2024 (Katz 2024). Mit der Wahl eines Nachrichtenvideos als Medium zeigt der IS hier auch, dass er den Raum der Nachrichtendeutung einnehmen möchte, um seine eigenen Narrative zu verbreiten und das Vertrauen in klassische Medien zu erschüttern.

Nicht nur der IS, sondern auch andere islamistische Gruppierungen haben KI-Deepfake-Videos für sich entdeckt. So wurde die al-Qaida-Zeitschrift Inspire in 2023 als Video-Serie wiedererweckt. In einem 45-minütigen Video erläutert der Sprecher etwa Instruktionen zum Bombenbau. Auch dieser Sprecher ist KI-generiert (Katz 2024).

## 4.6    Deepfake-Influencer als Beispiel der Kombination verschiedener Tools

Extremist*innen nutzen nicht nur KI-generierte Bilder und Videos oder Audios, sondern es werden z. T. auch Figuren „geschaffen", die dann vermeintlich eigene Kanäle betreiben. Hier genannt werden einige Beispiele aus dem rechtspopulistisch-rechtsextremistischen Bereich. Die virtuellen Influencer, genauer Influencerinnen, wurden insbesondere bekannt im Jahr 2024/25 als sie im Wahlkampf in Deutschland eingesetzt wurden (Faktencheck 2025). Sie treten u. a. auf X, TikTok und Instagram auf. Beispiele sind etwa „Larissa Wagner" oder „Sophia" von „sophias_world". Larissa Wagner wird als „Praktikantin" des rechtsextremen Magazins Compact präsentiert. Auffällig sind jeweils Äußerungen gegen Migrant*innen bis hin zur Forderung der Remigration, aber für den US-amerikanischen Präsidenten Donald Trump oder auch pro Russland.

Sie äußern sich ferner positiv zu den AfD-Politikern Alice Weidel und Björn Höcke und machen generell Werbung für die Partei AfD, welche im Mai 2025 durch das BfV bundesweit als „gesichert rechtsextremistische Bestrebung" eingestuft wurde, wogegen die Partei AfD Rechtsmittel eingelegt hat [zum jetzigen Zeitpunkt (21.06.2025) gibt es hierzu noch kein abschließendes Rechtsurteil]. Seit 2022 wird die AfD bereits als rechtsextremer Verdachtsfall geführt. In den Bundesländern gibt es unterschiedliche Einstufungen.

Auffällig ist die große Anzahl weiblicher Influencer in diesem Bereich. Sie sind normschön, haben eine weiße Hautfarbe, sind schlank, nach westlichem Bild attraktiv und haben häufig blaue Augen und blonde Haare. Sie verkörpern damit das Idealbild arisch-deutscher Frauen. Auch wenn sie überwiegend deutlich als KI-generiert erkennbar sind, da sie z. B. in manchen Bildern mehr Finger haben oder auch vom Aussehen oder Sprechfluss her künstlich wirken, interagieren ihre Follower*innen mit ihnen in den Kommentarspalten. Es ist möglich, dass weibliche Influencer ausgewählt werden, da diese u. a. Themen wie ein traditionelles Familienbild besser darstellen können als Männer. Möglicherweise jedoch auch, weil die Wählerschaft dieser Partei eher männlich ist und sie in dieser Form die überwiegend männliche Wählerschaft ansprechen. Sie wirken nahbar, freundlich und es findet eine Quasi-Interaktion statt. KI-Influencerinnen tragen zur Manipulation der Meinung, Desinformation und Verunsicherung bei und können Filterblasen verstärken. Sie sind für Laien zudem nicht immer auf den ersten Blick als KI-generiert erkennbar, wenn diese beispielsweise schnell scrollen oder die Inhalte nicht genau prüfen oder über wenig Medienkompetenz verfügen und ihnen die Möglichkeit des Einsatzes von KI-Influencer*innen nicht bekannt sind.

Durch die Nutzung von KI-Influencer*innen kann durch Extremist*innen schneller Content kreiert werden als durch reguläre Influencer*innen. Auch die Bearbeitung mit einem Filter wird nicht mehr notwendig, da sie jeweils nach Idealbildern geschaffen werden können, die sie verkörpern sollen. Auch die Interaktion in den Kommentarspalten kann maschinell gestaltet werden und den Follower*innen eine reale Interaktion simulieren – bis hin zu einer Radikalisierung in diesem Bereich. Extremist*innen müssen zudem nicht mehr persönlich auftreten und dadurch auch Informationen über ihre Identität geben.

## 4.7    Profitieren von Algorithmen

Extremist*innen profitieren ferner von Algorithmen auf Suchmaschinen und Social-Media-Plattformen oder anderen Plattformen (z. B. im Gaming-Bereich). Die Anbieter von Suchmaschinen/Plattformen sind kommerzielle Anbieter, die ihr Geld mit Werbung bzw. Daten der Nutzer*innen verdienen. Wenn eine Person beispielsweise ein Video auf YouTube ansieht, dann ist es im Interesse des Unternehmens, dass der Nutzer oder die Nutzerin möglichst lange auf der Plattform verbleibt. Vorgeschlagen werden ihm oder ihr daher weitere Videos, die den persönlichen Interessen entsprechen könnten. Auf diese Weise können User*innen immer weiter in extremistische Filterblasen hineingezogen werden. Die AI Incident Database beschreibt etwa, dass der YouTube-Empfehlungsalgorithmus wesentlich zur Radikalisierung des Christchurch-Attentäters beitrug, der 51 Menschen in zwei neuseeländischen Moscheen tötete (AI Incident Database 89). Es gab auch andere Fälle, in denen der YouTube-Algorithmus junge männliche Nutzer in Richtung von Neo-Nazi-Ideologie oder White Supremacism gepuscht hat (AI Incident Database 263).

Extremist*innen profitieren einerseits indirekt von Algorithmen auf Plattformen. Sie nutzen sie jedoch andererseits auch ganz bewusst und erstellen etwa emotionalen Content, der die Nutzer*innen mehr anspricht und damit auch mehr Clicks generiert. Zudem verdienen viele extremistische Content-Creator*innen auch aktiv mit der Erstellung von Inhalten. Auch dies kann zu radikaleren Inhalten führen, mit dem Ziel, mehr Clicks zu erhalten. Durch das Liken und Weiterteilen von Inhalten entsteht für den Algorithmus zudem der Eindruck, dass Inhalte beliebt sind und diese werden weiterverbreitet.

Es gab jedoch auch Vorfälle, bei denen Nutzer*innen unerwünschtem Content ausgesetzt waren, ohne dass sie vorher Content in diesem Bereich vorher konsumierten. Die AI Incident Database berichtet etwa, dass xAI's Grok Chatbot Inhalte zum Thema „White Genocide" (ein rechtsextremer Mythos einer Verfolgung der „weißen Rasse") in Südafrika in Threads ohne solchen Bezug auf X eingebaut habe (AI Incident Database 1072).

Bei TikTok ist es etwa so, dass Videos wahllos Personen gezeigt werden und wenn diese es liken oder ansehen, wieder anderen. Man muss hier nicht aktiv extremistischen Akteur*innen folgen. Auf diese Weise kann auch ein Video mit extremistischem Inhalt leicht viral gehen.

# Die Nutzung von KI gegen Extremismus

KI wird jedoch nicht nur von Extremist*innen genutzt, sondern es bietet sich eine Vielzahl von Anwendungsmöglichkeiten in unterschiedlichen Bereichen, um diese gegen extremistische Gruppierungen einzusetzen. Aufgrund der Neuheit vieler Technologien herrscht hier jedoch noch viel Forschungsbedarf und viele Aspekte sind auch gesetzlich noch nicht geklärt. Gerade angesichts von immer mehr Daten, mit denen (Sicherheits-)Behörden konfrontiert sind oder auch etwa bereits bestehendem oder zukünftigem Personalmangel, sehen hier viele Personen jedoch große Chancen. Dabei kann KI sowohl durch (Sicherheits-)Behörden als auch Forschende, Träger der Extremismusprävention und etwa auch Anbieter von Plattformen genutzt werden.

## 5.1 Nutzung von KI durch Sicherheitsbehörden

Am 26. Februar 2024 wurde in Berlin die ehemalige RAF-Terroristin Daniela Klette nach 30-jähriger Flucht festgenommen. Sie hatte unter falscher Identität gelebt. Dabei gelang es ihr, im realen Leben ihre Identität zu verschleiern, in der digitalen Welt jedoch nicht. Unter falschem Namen war sie beispielsweise auch auf dem sozialen Netzwerk Facebook unterwegs. Auch auf der Webseite ihres Berliner Capoeira-Vereins waren Bilder von ihr zu finden. Auch auf Reisen ging sie offenbar. Journalisten hatten sich auf die Suche nach ihr gemacht und konnten über das Bilderkennungsprogramm PimEyes sowohl die Webseite ihres Vereins als auch ihr Facebookprofil unter dem Pseudonym Clara Ivone finden. Michael Colborne von dem Recherchekollektiv Bellingcat hatte ihr Bild bei PimEyes eingegeben. Die Software nutzt KI, um öffentlich zugängliche Bilder

© Der/die Autor(en), exklusiv lizenziert an Springer Fachmedien Wiesbaden GmbH, ein Teil von Springer Nature 2025
I. Lang, *Künstliche Intelligenz und politischer Extremismus*, essentials,
https://doi.org/10.1007/978-3-658-49024-9_5

aufzuspüren. Ihre Verhaftung gelang der Polizei dann nach einem „Hinweis aus der Bevölkerung" (Schmalzried 2024). Von Sicherheitsbehörden in Deutschland darf PimEyes hingegen nicht genutzt werden. Sie müssen sich hier weiterhin auf „Hinweise aus der Bevölkerung" verlassen. Warum Journalist*innen das frei verfügbare Tool nutzen können, die Polizei jedoch nicht, war nicht für jeden verständlich.

Das Thema KI und Sicherheitsbehörden ist – wie auch der Bereich KI an sich – immer noch ein sehr emotional diskutiertes Thema. Datenschützer etwa fürchten eine Verletzung des Datenschutzes oder etwa den „gläsernen Bürger" bzw. die „gläserne Bürgerin". Befürworter*innen hingegen verweisen darauf, dass KI für Sicherheitsbehörden äußerst nützlich sein kann. Sie kann nicht nur Bilder, sondern Daten allgemein in kurzer Zeit systematisieren und analysieren – und dies auch im Bereich Extremismus.

Auch in Deutschland gibt es bereits an einigen Stellen (probeweise) Einsätze von KI durch Sicherheitsbehörden. KI ermöglicht auch innerhalb der Sicherheitsbehörden den leichteren Umgang mit großen Datenmengen, der sonst einen höheren Personalbedarf erfordert hätte. KI kann auch hier zur Einsparung von Personal- und Zeitressourcen beitragen. Sie kann etwa in der Hotspotfrüherkennung, im Predictive Policing (wo ein Programm mögliche Verbrechensschwerpunkte errechnen kann), der Bild- und Mustererkennung, beim Internetmonitoring und in der Drohnenüberwachung eingesetzt werden. Software mit KI-Elementen nutzt beispielsweise Europol mit Palantir Gotham bereits seit dem Jahr 2016 und auch die hessische Polizei in Form von hessenDATA (einer Palantir-Variante). Erfolge gab es durch letztere z. B. im Islamismus-Bereich und gegen Reichsbürger. Neben Hessen hat auch NRW die Software im Einsatz, Bayern bereitet dies vor und Hamburg hat eine diesbezügliche Gesetzesänderung vorgenommen (Intrapol.org 2023). In Hessen wurde im Dezember 2024 eine Änderung des Hessischen Sicherheits- und Ordnungsgesetzes (HSOG) entschieden. Die hessische Polizei darf nun Bilder von Überwachungskameras mithilfe künstlicher Intelligenz zu analysieren und Verdächtige auch unter Nutzung biometrischer Daten in Echtzeit identifizieren (Voigts 2024).

Auch bei den Sicherheitsbehörden ist also in Bezug auf die Nutzung von KI derzeit viel in Bewegung. Gerade angesichts des demographischen Wandels der Mitarbeitenden in den nächsten Jahren bietet KI Möglichkeiten, Personalengpässe aufzufangen und angesichts von Big Data vor die Lage zu kommen.

## 5.2    KI im Tech-Bereich

Algorithmen sind in vielen Bereichen wie etwa YouTube, TikTok, Instagram
o. ä. allgegenwärtig. Sie führen etwa dazu, dass einer Person, die ein bestimmtes
Video etwa einer politischen Richtung konsumiert, daraufhin ein weiteres, welches in eine ähnliche Richtung geht oder gar radikaler ist, vorgeschlagen wird.
Das Ziel dabei ist klar, der Anbieter der Plattform ist gewinnorientiert. Je länger eine Person sich dort aufhält und Videos schaut, desto mehr Werbeanzeigen
konsumiert sie und desto mehr Informationen gewinnt die Plattform über ihn
oder sie. Die Plattform handelt frei nach dem Motto: „Ist es kostenlos, dann
bist du die Ware." KI kann theoretisch auf Plattformen dazu eingesetzt werden,
extremistische Inhalte zu erkennen und zu löschen, insbesondere bei Minderhei-
tensprachen, für die es nicht ausreichend Moderator*innen gibt. Grenzen sind
hier jedoch oftmals durch die Plattformen selbst gesetzt. Bei manchen Plattformen gibt es weniger Interesse daran, auch extremistische Inhalte zu löschen, auch
weil Betreiber eventuell selbst eigene politische Interessen damit verfolgen und
die Plattformen nicht an einer Förderung von Demokratie und der Bekämpfung
von Extremismus interessiert sind. Auch wenn es durch KI zahlreiche Möglichkeiten der Bekämpfung von extremistischen Inhalten im technischen Bereich gibt,
ist es hier dringend notwendig, dass auch die Plattformen für die Bekämpfung von
Extremismus mit ins Boot geholt oder zu solchem Handeln verpflichtet werden.
       KI könnte in dem Bereich beispielsweise eingesetzt werden, um Personen
etwa aus ihren Filterblasen herauszuholen. Wer bestimmte Videos konsumiert,
dem könnten dann etwa Videos der Bundeszentrale für Politische Bildung zur
Prävention gezeigt werden oder auch andere politische Meinungen, um andere
Sichtweisen zu sehen. Auch Hinweise auf Präventionsangebote wären möglich.
KI kann Fake News kennzeichnen und löschen. Sie kann die ohnehin nur geringe
Moderation auf Gaming-Plattformen unterstützen o. ä. Es würden sich zahlreiche
Möglichkeiten bieten – wenn es ein Interesse und eine Forcierung dieser geben
würde.
       Natürlich hat der Einsatz von KI auch hier Grenzen, da sie z. B. keinen Humor
erkennen kann. Ferner versuchen Extremist*innen eine Moderation zu umgehen, indem sie etwa kodierte Sprache nutzen. Es gibt zudem auch extremistische
Inhalte, die nicht strafbar sind, aber trotzdem eine demokratiefeindliche Haltung
fördern. Erschwerend ist auch, dass Inhalte etwa in bestimmten Ländern verbo-
ten sind, in anderen jedoch nicht. Zudem wird eine KI auch eine Radikalisierung
einer Person im Online-Bereich nicht immer erkennen können, da Radikalisierung ein sehr individueller Prozess ist, der nicht gleichförmig verläuft. Der rein

technische Einsatz von KI gegen Extremismus ist daher nicht ausreichend, sondern es muss eine Kombination von technischem Umgang mit problematischen Inhalten und etwa politischer Bildung erfolgen. Zudem muss auch immer der analoge soziale Raum mit einbezogen werden, da das Internet zwar als Katalysator wirken kann, Radikalisierung selbst jedoch hoch komplex ist.

## 5.3    KI im Bildungsbereich

KI ist ein hoch relevantes Thema für den Bildungsbereich und insbesondere für die politische Bildung. Es ist notwendig, dass gerade im Rahmen der Primärprävention alle Teile der Bevölkerung adressiert werden und über die Art und Weise, wie Extremist*innen KI einsetzen, um Desinformation zu verbreiten, aufgeklärt werden. Medienkompetenz ist ein zentrales Thema und insbesondere das Erkennen von Desinformation oder auch das Erkennen von zunehmend professionelleren KI-Inhalten. Insbesondere auch Personen der Generationen der Digital Immigrants, d. h. der Generation der Baby Boomer und Generation X, die nicht mit digitalen Medien aufgewachsen sind, sind besonders anfällig dafür, auf Desinformation hereinzufallen und diese zu verbreiten (Pohl & Wiedemann 2025; Lang 2025a; Lang 2025b). Für sie muss es ebenfalls auf diese zugeschnittene Präventionsmöglichkeiten geben. Wer weiß, wie Extremist*innen mit KI vorgehen, ist besser dagegen gewappnet, auf diese hereinzufallen.

KI kann jedoch auch zur Erstellung von Informationsmaterial über und gegen Extremismus genutzt werden. Gerade im Bildungsbereich ergeben sich hier zahlreiche Möglichkeiten, etwa Informationsmaterial mithilfe einer KI erstellen zu lassen und dieses v. a. zielgruppenspezifisch zu verbreiten. Oft sieht man, dass bestimmte Themenfelder durch Extremist*innen vereinnahmt werden – im Islamismusbereich spielen sie sich etwa als Islamexpert*innen auf, obwohl die meisten Influencer*innen in diesem Bereich kein islamwissenschaftliches oder islamtheologisches Studium absolviert haben, sondern lediglich Laien sind, die sich Inhalte mehr schlecht als recht autodidaktisch angeeignet haben und diese zudem ideologisch in ihrem Sinne „deuten“. An alternativen Angeboten fehlt es jedoch oft im Onlinebereich und gerade junge Menschen auf der Suche nach Antworten auf religiöse Fragen landen so leicht bei Islamist*innen. Hier könnte man beispielsweise die Vorteile einer KI nutzen, um Materialien zu erstellen, welche dann durch Expert*innen entsprechend auf Qualität und Adäquatheit geprüft werden müssten. Auch in diesem Bereich kann eine KI den Menschen noch nicht ersetzen. Auch etwa die Erstellung von Serious Games gegen Extremismus kann durch den Einsatz einer KI verbessert und professionalisiert werden. Es erge-ben sich zahlreiche Möglichkeiten für den Bildungsbereich und insbesondere die politische Bildung, um KI gegen Extremismus einzusetzen.

## 5.4    KI in der Forschung

Forscher*innen sind im Extremismusbereich etwa bei der Analyse von Sozialen Medien mit einer ebenso großen Datenmenge konfrontiert, wie etwa auch die (Sicherheits-)Behörden selbst. KI kann hier zur Datenanalyse und Auswertung eingesetzt werden. Sie kann zahlreiche Möglichkeiten bieten, um Extremismus jeglicher Couleur besser zu erforschen. Hierdurch können etwa auch Projekte realisiert werden, die eine geringe finanzielle Förderung erhalten und einfache Tätigkeiten wie etwa das Verschriftlichen bzw. die Transkription von Interviews o. ä. können durch KI-Tools übernommen werden. KI ermöglicht die Einspa-rung von Personal und Zeit. Auch hier kann eine KI unterstützend eingesetzt werden, sie ersetzt jedoch nicht die menschliche Expertise und Erfahrung der Forscher*innen und deren fachliche Beurteilung.

# Herausforderungen für die Nutzung von KI gegen Extremismus

Aus den Ausführungen oben wird deutlich, dass Extremist*innen vielerlei KI-Tools auf unterschiedliche Weise und mit unterschiedlicher Zielsetzung einsetzen. Dabei passen sie sich an die jeweiligen Herausforderungen schnell an. Extremismus ist ein globales Phänomen, das sich nicht an Landesgrenzen hält und halten muss. Auch die Gesetze der einzelnen Länder kümmern Extremist*innen in diesem Bereich oftmals nicht – wenden sie sich doch ohnehin z. B. in Deutschland gegen die fdGO. Wenn sie eine Strafverfolgung fürchten, dann verlagern sie ihre Aktivitäten in private Chats oder auch ins Deep Web. Extremist*innen kümmern sich in der Regel weder um den AI Act, d. h. die im Jahr 2024 in Kraft getretene EU-weite Verordnung zur künstlichen Intelligenz, die deren verantwortungsvolle Entwicklung und Verwendung fördern soll, noch um die DSGVO. Um dem Problem politischer Extremismus begegnen zu können, müssen Forschung, Träger der Extremismusprävention, (Sicherheits-)Behörden und Plattformen selbst gemeinsam gegen Extremismus vorgehen – und zwar über die Grenzen der einzelnen Länder hinweg. Ein globales Phänomen kann nur global bekämpft werden.

Aufforderungen etwa zur Kennzeichnung von KI-Inhalten werden in diesem Bereich wenig ausrichten (insbesondere da sich Extremist*innen nicht unbedingt an diese halten werden). Zumal es auch von den Interessen der Plattformen selbst abhängt, inwieweit dies durchgesetzt wird. Es ist zudem möglich, dass sich die Nutzung von KI in den nächsten Jahren so weit normalisiert, dass die meisten Inhalte KI-generiert sind und auch eine Kennzeichnung wenig Auswirkungen auf die Betrachterin oder den Betrachter haben wird.

Auch im Bereich der Plattformen haben wir es mit ganz unterschiedlichen Organisationen und Firmenstandorten zu tun. Es handelt sich bei diesen zudem

I. Lang, *Künstliche Intelligenz und politischer Extremismus*, essentials, https://doi.org/10.1007/978-3-658-49024-9_6

um gewinnorientierte Unternehmen, die ihr Handeln an einer Profitmaximierung ausrichten. Die Kooperation etwa mit (Sicherheits-)Behörden lässt aufgrund der damit verbundenen Eigeninteressen der Plattformen oftmals zu wünschen übrig. Auch die Löschung und Prävention von extremistischen Inhalten ist auf vielen Plattformen mangelhaft. Es wäre für die Zukunft daher erstrebenswert, wenn Plattformen mehr in die Pflicht genommen würden, um mit Sicherheitsbehörden oder auch Trägern der Prävention zu kooperieren bzw. eigene Maßnahmen zur Löschung, Moderation und Bekämpfung extremistischer Inhalte (effizienter) durchzusetzen.

Eine große Herausforderung im Bereich politischer Extremismus und KI ist zudem, dass Träger der Extremismusprävention, Forschung und Sicherheitsbehörden personell, technisch und finanziell ausreichend ausgestattet sein müssen, um sich diesem Problem widmen zu können. Viele Projekte der Prävention sind derzeit beispielsweise auf eine kurze Laufzeit begrenzt. Dies führt zu einer hohen Personalfluktuation und Wissen geht durch diese verloren. Es ist wichtig, den Trägern der Extremismusprävention hier langfristige Perspektiven zu bieten, damit sie ihr kompetentes Personal halten können. Gerade in Deutschland sind diese Träger maßgeblich und seit Jahrzehnten in der Extremismusprävention tätig und haben diese entscheidend durch ihr Wissen und ihre Kompetenz geprägt.

Hier ist es insbesondere zentral, in der Forschung und bei den Trägern auch ausreichend Mittel für die Prävention von Extremismus für Menschen mittleren und höheren Alters zur Verfügung zu stellen. Es gibt Gruppierungen oder Personen höheren Alters, die im Bereich politischer Extremismus aktiv sind und sich auch erst in späterem Alter radikalisieren. Für diese müssen Angebote gemacht werden, da sie als Digital Immigrants nicht mit der modernen Technik aufgewachsen sind und oftmals z. B. Defizite in der Beurteilung von Falschinformation online haben (Pohl und Wiedemann 2025; Lang 2025a; Lang 2025b). Gerade mit KI, durch die man Desinformation quasi in geballter Form betreiben kann, sind diese Altersgruppen besonders gefährdet.

Eine Herausforderung gerade auch für die Prävention wird die Tatsache sein, dass selbst wenn man KI gegen Extremismus einsetzt und z. B. Inhalte löscht, anti-demokratische Inhalte, die nicht strafbar sind, weiterhin vorhanden sind. Zudem ändert auch das Löschen nicht die Haltung der Menschen (Asghari/Züger in Adeoso et. al. 2025, S. 49–59). In diesen Bereichen ist die politische Bildung gefragt, die Menschen im Rahmen der Primärprävention zielgruppenunabhängig Medienkompetenz vermitteln sollte. Da unterschiedliche Altersgruppen angesprochen werden müssen, müssen hier auch Lernorte außerhalb etwa der Schule gefunden werden.

In Sicherheitsbehörden müssen ausreichend technische Möglichkeiten und auch ausreichend qualifiziertes Personal vorhanden sein. So müssen z. B. auch innerhalb der Polizei (noch mehr) Berufsgruppen aus dem technischen Bereich, Islam- und Politikwissenschaftler*innen eingestellt werden. Für diese müssen Stellen mit einer angemessenen Besoldung und Aufstiegsmöglichkeiten geschaffen werden. Auch in der Polizei ist durch Herausforderungen wie KI eine Multiprofessionalität gefragt. Zudem müssen Fortbildungen angeboten werden, um mit dem technischen Fortschritt mithalten zu können. Es müssen Konzepte entwickelt werden, wie KI eingesetzt und wie mit KI umgegangen werden soll.

KI ist eine Entwicklung, die gesamtgesellschaftliche Auswirkungen hat und in Zukunft noch viel mehr haben wird. Auch die Extremismusprävention in diesem Feld ist nur gesamtgesellschaftlich zu bewältigen – und im Idealfall mit einer starken europäischen und internationalen Zusammenarbeit.

Dabei wird der konkrete Einsatz der KI in der Praxis stets nur so gut sein, wie die Daten, die ihr zugrunde liegen. Es ist daher auch notwendig, darauf zu achten, diskriminierungsfreie Daten zur Verfügung zu stellen und einen datenschutzkonformen ethischen Umgang mit Daten zu gewährleisten.

# Wie KI die Entwicklung weiter beeinflussen wird

KI ist eine der größten technischen Revolutionen der Menschheitsgeschichte. Sie hat v. a. dazu geführt, dass Inhalte in viel größerer Masse und viel schnellerem Tempo verfügbar sind. Dieses Tempo wird in Zukunft noch weiter zunehmen, wenn etwa KI weitere Aufgaben übernimmt, die vorher noch von Menschen geleistet bzw. von Menschen an KI-Tools zugeliefert werden mussten. Dazu tragen etwa KI-Assistenten bei. KI erleichtert Extremist*innen damit noch weiter ihre malevolenten Aktivitäten im Online-Bereich.

Sie trägt damit aber auch weiter dazu bei, dass sich Personen an extremistischen Diskursen beteiligen können, die weder über viele technische noch über vertiefte ideologische Kenntnisse verfügen. Bereits in der Vergangenheit wurde dies deutlich, wenn z. B. Influencer*innen im Islamismus-Bereich aktiv sind, die in Deutschland etwa überwiegend Autodidakten in Bezug auf den Islam sind. KI trägt dazu bei, dass Personen ohne weitergehende technische und ideologische Kenntnisse Inhalte erstellen können. Dadurch können Ideologien auch anschlussfähiger aneinander sein und sich Szenen vermischen. Bereits heute kommt es beispielsweise vor, dass jemand etwa Islamist ist, aber zusätzlich auch ein Hitler-Bild teilt (weil dieser Jüdinnen und Juden getötet hat und Islamist*innen den Staat Israel ablehnen). Auch wenn szeneübergreifende Überschneidung auch in der Vergangenheit vorkamen, kann das Internet hier weitere Barrieren abbauen und zu einer leichteren Übertragung von Narrativen beitragen – beispielsweise auch im Feld der Verschwörungsmythen. Zudem finden sich Personen, die einzelnen Ideologie-Elemente wie bei einem Büffet aus dem großen Angebot herauspicken und ideologisch das annehmen, was ihrem eigenen Weltbild am besten entspricht. Durch das einfache Erstellen von Inhalten und wenn sich diese Personen ohne Prüfung auf die KI verlassen können, kann diese Inhalte integrieren,

I. Lang, *Künstliche Intelligenz und politischer Extremismus*, essentials, https://doi.org/10.1007/978-3-658-49024-9_7

die die KI aufgrund ihrer verfügbaren Daten für ideologiekonform hält. Auch einzelne Gruppierungen untereinander zeigen Anschlussmöglichkeiten – sowohl innerhalb der klassischen Extremismuskategorien und über die eigenen Szenen hinaus. Die Szenen werden fluider und über das Internet können Inhalte z. B. in Form von Memes ausgetauscht werden. Dies könnte auch durch KI beeinflusst in Zukunft weit über die bereits bekannten Brückennarrative wie etwa im Bereich Antisemitismus hinausgehen. Durch die große Menge an durch Extremist*innen produzierten Inhalte können zudem seriöse Inhalte oder solche, die Demokratie fördern, förmlich untergehen. Auch besteht die Gefahr, dass KIs sich auf demokratiefeindliche Inhalte konzentrieren, da diese in so großen Massen auftreten und diese etwa bevorzugt rezipieren. So kann auch eine unbeabsichtigte Reproduktion von problematischen Inhalten stattfinden.

Das o. g. Szene-Overlapping verbunden mit dem Aspekt, dass sich Personen oftmals nicht in erster Linie aus ideologischen Gründen radikalisieren, kann unter Umständen auch neue Definitionen im Extremismus-Bereich notwendig machen, die über die klassischen hinausgehen. Bereits heute sind Szenen und Gruppierungen nicht einheitlich und starr, sondern weisen komplexe Profile auf. Dies kann auch wichtige Impulse für die Prävention geben.

# Fazit und Ausblick

**8**

KI ist aus dem Leben heutiger Menschen nicht mehr wegzudenken. Sie begleitet sie in unterschiedlichen Bereichen. KI ist ein Werkzeug, das sowohl für positive als auch für negative Zwecke genutzt werden kann. KI-Tools sind zudem einfach handhabbar und erfordern weder besondere Kenntnisse noch verursachen sie besondere Kosten.

Extremist\*innen setzen KI bereits jetzt für unterschiedliche malevolente Absichten ein. Sie sind Early Adopters und perfektionieren ihren KI-Einsatz stets weiter. Durch KI können sie u. a. Massen an Inhalten beispielsweise zur Propaganda herstellen und diese auf verschiedenen Plattformen verbreiten. Nutzer\*innen können durch diese Desinformation ausgesetzt oder unter Einfluss dieser Inhalte auch radikalisiert werden. Zudem bestehen weitere Gefahren durch die Nutzung von KI durch Extremist\*innen etwa für Cyberangriffe oder auch eine mögliche Gewinnung von ABC-Waffen etc.

KI kann jedoch auch auf vielerlei Weise gegen Extremismus eingesetzt werden. Ein beispielhafter Einsatz ist die Analyse von großen Datenmengen, die sich immer weiter vergrößern und angesichts von KI weiter steigen. KI kann im Kampf gegen Extremismus Personal und Kosten einsparen. Es bestehen zudem Möglichkeiten etwa für die Produktion von Präventionsinhalten. Für die kommerziellen Anbieter von Plattformen etc. bieten sich durch KI ferner viele Optionen gegen Extremismus in ihren Bereichen vorzugehen (Erkennen und Löschen von Inhalten).

KI stellt an das Vorgehen gegen Extremismus vor neue Herausforderungen – schon alleine durch die großen Mengen an Daten, die dadurch produziert werden. Es ist insbesondere notwendig, alle Menschen im Rahmen der politischen Bildung über die Nutzungsarten von KI durch Extremist\*innen aufzuklären und

I. Lang, *Künstliche Intelligenz und politischer Extremismus*, essentials, https://doi.org/10.1007/978-3-658-49024-9_8

insbesondere Medienkompetenz zu vermitteln. Jeder und jede, der oder die heute das Internet nutzt, muss wissen, wie er oder sie (KI-generierte) Fake News und Desinformation erkennen kann, um nicht auf extremistische Desinformation hereinzufallen. Dabei sollte auch berücksichtigt werden, dass Extremismus kein reines Online-Phänomen ist, sondern stets multiperspektivische Ansätze herangezogen werden, die auch das soziale Umfeld in der nicht-digitalen Welt einbeziehen.

Bei der Nutzung von KI gegen Extremismus ist es essentiell darauf zu achten, dass die eingesetzten Tools nicht diskriminieren und sich an den aktuellen gesetzlichen Gegebenheiten orientieren. Aufgrund der rasanten Wandlung der Technik ist es auch wichtig, dass in allen Bereichen v. a. in Bezug auf Sicherheitsbehörden Rechtssicherheit besteht.

Nicht nur die Technik hat sich in den letzten Jahren massiv gewandelt, sondern auch die geopolitische Sicherheitslage. Wo früher ein sehr guter Austausch im Hinblick auf Informationen bestand, müssen durch politische Veränderungen in Zukunft unter Umständen fehlende Informationen kompensiert werden, weshalb die deutschen (Sicherheits-)Behörden auch hier gestärkt werden sollten. Da Extremismus ein globales Phänomen ist, muss dieser auch global, d. h. in der starken europäischen Gemeinschaft und mit Partnern weltweit bekämpft werden. Hier sollten nicht nur Staaten und Träger der Prävention mitgedacht werden, sondern dezidiert die kommerziellen Plattformen, auf den Extremist*innen aktiv sind, und diese deutlich mehr in die Pflicht genommen werden, gegen Extremismus und KI-generierte Inhalte vorzugehen.

Der Kampf gegen Extremismus kommt ohne KI in Zukunft nicht aus. Es ist daher notwendig, über Grenzen und Möglichkeiten informiert zu sein und sich hier gut aufzustellen – und v. a. vor die Lage zu kommen.

# Was Sie aus diesem *essential* mitnehmen können

- Extremist*innen jeglicher Couleur nutzen KI.
- KI trägt dazu bei, dass sie online schneller, mit weniger Einsatz von Personen und Zeit und in größerer Masse für ihre Zwecke agieren können.
- KI kann jedoch auch gegen Extremismus eingesetzt werden und bietet hier vielfältige Möglichkeiten.
- Hierzu müssen Institutionen und Behörden personell und technisch ausgestattet und Konzepte entwickelt werden, die sich an ethischen Richtlinien orientieren und diskriminierungssensibel vorgehen.
- KI stellt den Kampf gegen Extremismus vor neue Herausforderungen, allerdings ist auch hier weiterhin ein multifaktorielles und multiperspektivisches Vorgehen notwendig, welches sowohl den Online- als auch den Offline-Raum in Kombination in den Blick nimmt.

I. Lang, *Künstliche Intelligenz und politischer Extremismus*, essentials, https://doi.org/10.1007/978-3-658-49024-9

# Literatur

AI Incident Database, https://incidentdatabase.ai Zugegriffen am 07.06.2025.

Adeoso, M.-S., Berendsen, E., Fischer, L. & Schnabel, D. (2025). Code & Vorurteil. Über Künstliche Intelligenz, Rassismus und Antisemitismus. C.H.Beck oHG.

Agnolon, A. (2025). AI Tools and the Alt-Right: A Double-Edged Sword for P/CVE, 28.01.2025. https://gnet-research.org/2025/01/28/ai-tools-and-the-alt-right-a-double-edged-sword-for-p-cve/ Zugegriffen am 31.05.2025.

Aguilera, A. (2024). Drone Use by Violent Extremist Organisations in Africa: The Case of Al-Shabaab. https://gnet-research.org/2023/07/05/drone-use-by-violent-extremist-organisations-in-africa-a-case-study-of-al-shabaab/ Zugegriffen am 31.05.2025.

Alexander, A. & B. Clifford. (2019). Doxing and Defacements: Examining the Islamic State's Hacking Capabilities, in: CTC SENTINEL, April 2019, Volume 12, Issue 4, https://ctc.westpoint.edu/doxing-defacements-examining-islamic-states-hacking-capabilities/ Zugegriffen am 07.06.2025.

Archambault, E. & Y. Veilleux-Lepage. (2020). Drone imagery in Islamic State propaganda: flying like a state. In: International Affairs. Volume 96, Issue 4, S. 955–973.

Bangladesh News Network. (o. J.). Extremists Are Using AI to Reanimate Hitler and Spread Neo-Nazi Propaganda Online. https://bdnewsnet.com/phone/the-far-right-is-using-ai-to-sell-hitler-to-a-new-generation-the-washington-post/ Zugegriffen am 31.05.2025.

Basit, A. & R. Dass. (2024). Tech and Terror: Why Have Drones Not Penetrated the Afghanistan-Pakistan Militant Landscape?. https://gnet-research.org/2024/04/29/tech-and-terror-why-have-drones-not-penetrated-the-afghanistan-pakistan-militant-landscape/ Zugegriffen am 31.05.2025.

Bitkom. (2023). KI in der Polizei – Einsatzpotentiale und Lösungsansätze zur Implementierung. https://www.bitkom.org/Bitkom/Publikationen/KI-in-der-Polizei-Einsatzpotentiale-und-Loesungsansaetze-zur-Implementierung Zugegriffen am 17.05.2025.

Borgonovo, F., A. Bolpagni & S. Rizieri Lucini. (2024). AI-Powered Jihadist News Broadcasts: A New Trend In Pro-IS Propaganda Production? https://gnet-research.org/2024/05/09/ai-powered-jihadist-news-broadcasts-a-new-trend-in-pro-is-propaganda-production/ Zugegriffen am 31.05.2025.

Bridle, J. (2020). New Dark Age. Der Sieg der Technologie und das Ende der Zukunft. C.H.Beck oHG.

Bryce, A. L. & A. Rogal (2024). Aufstieg des Hitler-Chatbots: Kann Europa die Radikalisierung der extremen Rechten durch KI verhindern? https://de.euronews.com/next/2024/02/20/aufstieg-des-hitler-chatbots-kann-europa-die-radikalisierung-der-extremen-rechten-durch-ki Zugegriffen am 07.06.2025.

Bundesamt für Verfassungsschutz. (2024) Rechtsextremismus im Internet. Gefahren digitaler Agitation und Radikalisierung.

Bundesamt für Sicherheit in der Informationstechnik. (2023). Deepfakes – Gefahren und Gegenmaßnahmen. https://www.bsi.bund.de/DE/Themen/Unternehmen-und-Organisationen/Informationen-und-Empfehlungen/Kuenstliche-Intelligenz/Deepfakes/deepfakes_node.html Zugegriffen am 17.05.2025.

Bundesamt für Sicherheit in der Informationstechnik. (2024). Einfluss von KI auf die Cyberbedrohungslandschaft. https://www.bsi.bund.de/SharedDocs/Downloads/DE/BSI/KI/Einfluss_KI_auf_Cyberbedrohungslage.pdf?__blob=publicationFile&v=2 Zugegriffen am 17.05.2025.

Center for Countering Digital Hate. (2024). Attack of the Voice Clones. How AI voice cloning tools threaten election integrity and democracy, 2024, https://counterhate.com/wp-content/uploads/2024/05/240524-Attack-of-the-Voice-Clones-REPORT_final.pdf Zugegriffen am 17.05.2025.

Ettmüller, E. & I. Lang. (2024). Islamismus. Eine analytische Einführung für Polizei und Sicherheitsbehörden. (PSP Schriftenreihe) Verlag der Polizei.

European Parliament. (2020). Parliamentary question – E-000173/2020(ASW). https://www.europarl.europa.eu/doceo/document/E-9-2020-000173-ASW_EN.html Zugegriffen am 17.05.2025.

Evisen, I. (2024), Interview mit Dr. Isabel Lang: „Der Dschihad wird besonders intensiv im Cyberspace geführt". Islamwissenschaftlerin über Deepfakes, veröffentlicht auf Cicero Online https://www.cicero.de/innenpolitik/deepfakes-islamismus-ki-dschihad Zugegriffen am 17.05.2025.

Faktencheck. (2025). Der Einfluss von KI-Influencerinnen auf die Bundestagswahl | DW Nachrichten. https://www.youtube.com/watch?v=3gNpnnVBxoI&t=503s Zugegriffen am 17.05.2025.

Hennigan, W. J. (2017). Islamic State's deadly drone operation is faltering, but U.S. commanders see broader danger ahead. https://www.latimes.com/world/la-fg-isis-drones-20170928-story.html Zugegriffen am 17.05.2025.

Hiller, A. & Maristany de las Casas, P. (2025). Generative KI und die deutsche extreme Rechte. Narrative, Taktiken und digitale Strategien. https://isdgermany.org/generative-ki-und-die-deutsche-extreme-rechte-narrative-taktiken-und-digitale-strategien/#:~:text=Diese%20Studie%20untersucht%2C%20wie%20deutsche%20rechtsextreme%20Akteur%2Ainnen%20generative,verwenden%2C%20um%20rechtsextreme%20%C3%9Cberzeugungen%20online%20effektiv%20zu%20verbreiten Zugegriffen am 17.05.2025.

Intrapol.org. (2023). Prof. Dr. Dennis-Kenji Kipker in 3sat NANO: Darf die Polizei KI zur Verbrechensbekämpfung einsetzen? https://www.youtube.com/watch?v=T9FdQ6F0loE Zugegriffen am 17.05.2025.

Iskandar, K. (2025). Künstliche Intelligenz bei der Polizei: Hessendata als Vorbild für ganz Deutschland?. Zugegriffen am 17.05.2025.

Jeans, S. (2023) Neuer Bericht zeigt, wie generative KI von Terroristen genutzt wird. https://
dailyai.com/de/2023/11/new-report-reveals-how-generative-ai-is-being-harnessed-by-ter
rorists/#:~:text=Einem%20neuen%20Bericht%20zufolge%20nutzen%20gewaltt%C3%
A4tige%20Extremisten%20generative,erstellen%20und%20dabei%20Leitplanken%
20und%20Filter%20zu%20umgehen Zugegriffen am 17.05.2025.

Jugendschutz.net. 2025. KI-Bildertrends: Wie Extremist:innen aktuelle Filter und Stile für
ihre Zwecke einsetzen. https://www.jugendschutz.net/themen/politischer-extremismus/
artikel/ki-bildertrends-wie-extremistinnen-aktuelle-filter-und-stile-fuer-ihre-zwecke-ein
setzen Zugegriffen am 17.05.2025.

Katz, R. (2024). SITE Special Report: Extremist Movements are Thriving as AI Tech Pro-
liferates. https://ent.siteintelgroup.com/Articles-and-Analysis/extremist-movements-are-
thriving-as-ai-tech-proliferates.html Zugegriffen am 17.05.2025.

Katz, R. (2022). Saints and Soldiers. Inside Internet-Age Terrorism. From Syria to the Capi-
tol Siege. Columbia Studies in Terrorism and Irregular Warfare. Columbia University
Press.

Kirschke-Schwartz, M. J., Clarke, C. (2021). How will Violent Extremists Use Technology in
the Future? https://gnet-research.org/2021/08/02/how-will-violent-extremists-use-techno
logy-in-the-future/ Zugegriffen am 17.05.2025.

Klaiber, H. (2023). RightWingGPT: Wissenschaftler flößt ChatGPT rechte Gesinnung ein.
https://t3n.de/news/rightwinggpt-wissenschaftler-floesst-chatgpt-rechte-gesinnung-ein-
1543627/ Zugegriffen am 07.06.2025.

Klicksafe. 2023. Desinformation und Meinung von Deepfakes bis Fake News – Informationen & Tipps. https://www.klicksafe.de/desinformation-und-meinung Zugegriffen am
17.05.2025.

Landesmedienzentrum Baden-Württemberg. [2018] 2022. Filterblasen: Wenn man nur das
gezeigt bekommt, was man eh schon kennt. Wie entstehen eigentlich Filterblasen und
wie funktionieren sie? Ein Überblick. https://www.lmz-bw.de/medienbildung/themen-
von-f-bis-z/hatespeech-und-fake-news/fake-news/filterblasen-wenn-man-nur-das-gez
eigt-bekommt-was-man-eh-schon-kennt Zugegriffen am 17.05.2025.

Lang, I. (2022). Der digitale Raum als Ort der religiös begründeten Radikalisierung – und als
Chance für die Prävention. In: Der Kriminalist. Ausgabe Januar/Februar 2022, S. 23-27.

Lang, I. (2025). Cyber Jihad. Wie Islamisten das Internet nutzen, Verlag KSV Medien.
(erscheint Mitte des Jahres 2025) (Lang 2025c).

Lang, I. (2025). Extremismus jenseits des Jugendalters. Personen im mittleren und höheren
Lebensalter als notwendige Zielgruppen der Radikalisierungsprävention. Kriminalistik 4/
2025, S. 208 ff. (Lang 2025b).

Lang, I. (2025). When Grandpa Turns Extremist: Digital Immigrants, Radicalisation and
the German Reich Citizens Movement, GNET Insight, 31.03.2025, https://gnet-research.
org/2025/03/31/when-grandpa-turns-extremist-digital-immigrants-radicalisation-and-
the-german-reich-citizens-movement/ (Lang 2025a) Zugegriffen am 17.05.2025.

Lopes, H. (2024). Melodies of Malice: Understanding How AI Fuels the Creation and
Spread of Extremist Music, https://gnet-research.org/2024/12/11/melodies-of-malice-
understanding-how-ai-fuels-the-creation-and-spread-of-extremist-music/ Zugegriffen
am 17.05.2025,

Meckel, M. & Steinacker, L. (2024). Alles überall auf einmal. Wie Künstliche Intelligenz
unsere Welt verändert und was wir dabei gewinnen können. C.H.Beck oHG.

Meineck, S./Schmid, T./Janus, P.. 2022. KI in der Medienaufsicht: Was leistet das Tool KIVI?. https://www.bpb.de/lernen/digitale-bildung/werkstatt/513732/ki-in-der-medien aufsicht-was-leistet-das-tool-kivi/ Zugegriffen am 17.05.2025.

Minko, A. E. (2024). AI Against Terror: Harnessing Technology to Combat Terrorism in the Horn of Africa. https://gnet-research.org/2024/09/27/ai-against-terror-harnessing-techno logy-to-combat-terrorism-in-the-horn-of-africa/ Zugegriffen am 17.05.2025.

Nelu, C. (2024). Exploitation of Generative AI by Terrorist Groups, ICCT Analysis. https://icct.nl/publication/exploitation-generative-ai-terrorist-groups   Zugegriffen   am 17.05.2025.

ntv (2025). "Revolution auf dem Schlachtfeld". Ukraine greift erstmals mit "Mutterschiff" Gogol-M an https://www.n-tv.de/mediathek/videos/politik/Ukraine-setzt-offenbar-zum-ersten-Mal-KI-Drohnen-im-Kampf-gegen-Russland-ein-article25802256.html Zugegrif fen am 07.06.2025.

Onlinesicherheit.at. (2023). Audio-Deepfakes und Voice-Cloning: So schützen Sie sich vor Betrug.   https://www.onlinesicherheit.gv.at/Services/News/Audio-Deepfake-Voice-Clo ning.html Zugegriffen am 17.05.2025.

Otto, P. & Gräf, E. (Hrsg.). (2018). 3TH1CS. Die Ethik der digitalen Zeit. C.H.Beck oHG.

O'Neil, C. (2018). Angriff der Algorithmen. Wie sie Wahlen manipulieren, Berufschancen zerstören und unsere Gesundheit gefährden. C.H.Beck oHG.

Plattner, G. (2024). KI und Islamismus – Künstliche Intelligenz und ihr malevolenter Ein satz am Beispiel islamistischer Akteur*innen. KNIX Impuls #13. https://kn-ix.de/publik ationen/impuls-13/ Zugegriffen am 17.05.2025.

Pohl, S. & Wiedemann, M. (2025). Abgetaucht, radikalisiert, verloren? Die Generation 50+ im Sog der Filterblasen. Vandenhoeck & Ruprecht.

Reveland, C. (2025). Künstliche Intelligenz im Wahlkampf. Rechts, weiblich, Fake. https:// www.tagesschau.de/faktenfinder/kontext/rechte-ki-influencer-100.html Zugegriffen am 17.05.2025.

Rosengren, O. (2023). Cyber Terrorism: The Islamic State in Cyberspace. https://greydynam ics.com/cyber-terrorism-the-islamic-state-in-cyberspace/ Zugegriffen am 07.06.2025.

Rudschies, W., A. Huber & T. Krohcr (2024). Autonomes Fahren. So fahren wir in Zukunft. https://www.adac.de/rund-ums-fahrzeug/ausstattung-technik-zubehoer/autonomes-fah ren/technik-vernetzung/aktuelle-technik/ Zugegriffen am 07.05.2025.

Said, B. T. (2016). Hymnen des Jihads – Naschids im Kontext jihadistischer Mobilisierung. Reihe: Mitteilungen zur Sozial- und Kulturgeschichte der islamischen Welt (MISK), Bd. 38. Ergon-Verlag.

Schmalzried, G. (2024). Fall Daniela Klette: Die KI-Software, die fast jeden finden kann.   https://www.br.de/nachrichten/netzwelt/fall-daniela-klette-raf-ki-software-die-fast-jeden-finden-kann,U5f1twM Zugegriffen am 17.05.2025.

Schnabel, D. & Berendsen, E. (2025) Der Holocaust als Meme Wie in digitalen Räumen Geschichte umgedeutet wird. https://www.bs-anne-frank.de/fileadmin/content/Publikati onen/2025_Report_Holocaust_als_Meme.pdf Zugegriffen am 31.05.2025.

Schroeter, M. (2020). Künstliche Intelligenz und Terrorabwehr: eine Einführung. https:// gnet-research.org/wp-content/uploads/2020/09/GNET-Report-Artificial-Intellige nce-and-Countering-Violent-Extremism-A-Primer_GERMAN.pdf   Zugegriffen   am 17.05.2025.

Siegel, D. (2024). AI Jihad: Deciphering Hamas, Al-Qaeda and Islamic State's Generative AI Digital Arsenal, https://gnet-research.org/2024/02/19/ai-jihad-deciphering-hamas-al-qaeda-and-islamic-states-generative-ai-digital-arsenal/ Zugegriffen am 17.05.2025.

Sosafe, Voice Cloning. (o. J.). https://sosafe-awareness.com/de/glossar/voice-cloning/ Zugegriffen am 17.05.2025.

Süddeutsche Zeitung. (2024). US-Wahlkampf. Anrufe von falschem Biden schüren Angst vor KI-Manipulationen https://www.sueddeutsche.de/politik/usa-vorwahlen-new-hampshire-biden-ki-fake-anrufe-1.6337139 Zugegriffen am 17.05.2025.

Uhlenbrock, L. (2024). KI-Generierte Bilder, Texte und Videos erkennen. In: merz – Zeitschrift für Medienpädagogik: 68. Jg., 3 / Juni 2024. https://www.medienradar.de/hintergrundwissen/artikel/ki-generierte-bilder-texte-und-videos-erkennen Zugegriffen am 17.05.2025.

Voigts, H. (2024). Polizei bekommt KI-gestützte Videoüberwachung – Opposition mit scharfer Kritik , https://www.fr.de/rhein-main/landespolitik/polizei-in-hessen-bekommt-videoueberwachung-mit-ki-93465297.html Zugegriffen am 17.05.2025.

Weimann, Gabriel et. al. (2024). Generating Terror: The Risks of Generative AI Exploitation, January 2024, Volume 17, Issue 1. https://ctc.westpoint.edu/generating-terror-the-risks-of-generative-ai-exploitation/ Zugegriffen am 17.05.2025.

Weitklick. (2021). Fakten checken – diese Tools helfen dabei. https://www.weitklick.de/blog/fakten-checken-diese-tools-helfen-dabei Zugegriffen am 17.05.2025.

Wietlisbach, O. (2023). Pro-palästinensische Hacker prahlen mit Israel-Hacks – vieles ist übertrieben oder erlogen. https://www.msn.com/de-ch/nachrichten/news/pro-pal%C3%A4stinensische-hacker-prahlen-mit-israel-hacks-vieles-ist-%C3%BCbertrieben-oder-erlogen/ar-AA1is542 Zugegriffen am 07.06.2025.

ZDF. 2024. Künstliche Intelligenz erstellt Biowaffen – eine reale Gefahr? I Die Spur. Ein Film von: Greta Buschhaus und Leonie Sontheimer. https://www.youtube.com/watch?v=0BmWsNv_Ii4 Zugegriffen am 17.05.2025.

# Stichwortverzeichnis

The manufacturer's authorised representative in the EU is Springer
Nature Customer Service Centre GmbH, Europaplatz 3, 69115 Heidelberg,
Germany. If you have any concerns regarding our products, please
contact ProductSafety@springernature.com

Printed and bound by CPI Group (UK) Ltd, Croydon, CR0 4YY
28/04/2026
02098542-0001